Ingrid Riedel
Spieglein, Spieglein an der Wand

Ingrid Riedel

Spieglein, Spieglein an der Wand

Märchen vom Neiden und Gönnen

Patmos Verlag

VERLAGSGRUPPE PATMOS

PATMOS
ESCHBACH
GRÜNEWALD
THORBECKE
SCHWABEN

Die Verlagsgruppe
mit Sinn für das Leben

Für die Schwabenverlag AG ist Nachhaltigkeit ein wichtiger Maßstab ihres Handelns. Wir achten daher auf den Einsatz umweltschonender Ressourcen und Materialien. Dieses Buch wurde auf FSC®-zertifiziertem Papier gedruckt. FSC (Forest Stewardship Council®) ist eine nicht staatliche, gemeinnützige Organisation, die sich für eine ökologische und sozial verantwortliche Nutzung der Wälder unserer Erde einsetzt.

Bibliografische Information der Deutschen Nationalbibliothek Die Deutsche Nationalbibliothek verzeichnet diese Publikation in der Deutschen Nationalbibliografie; detaillierte bibliografische Daten sind im Internet über http://dnb.d-nb.de abrufbar.

1. Auflage 2012

www.patmos.de

Umschlaggestaltung: Finken & Bumiller
Druck: CPI – Ebner & Spiegel, Ulm
Hergestellt in Deutschland
ISBN 978-3-8436-0220-4 (Print)
ISBN 978-3-8436-0272-3 (eBook)

Inhalt

Einführung

»Spieglein, Spieglein an der Wand, wer ist die Schönste im ganzen Land?«, diese beschwörende Frage der Königin vor ihrem Spiegel ist denen unter uns, die noch mit Märchen aufgewachsen sind, wohl von Kindheit an vertraut. Vielleicht haben wir angesichts dieser Königin vor ihrem Spiegel zum ersten Mal darüber nachgedacht, was Neid ist. Neiden heißt Nicht-Gönnen: Die Königin kann nicht damit leben, dass nicht nur sie selbst, sondern auch andere schön sind, noch schöner vielleicht als sie.

Dieser immer wiederholte Spruch aus dem Schneewittchen-Märchen kann zum Leitmotiv der fünf Märchen werden, in denen uns das Thema »Neiden« in seinem Kontrast zu »Gönnen« besonders anschaulich entgegentritt. Offensichtlich sind diese starken Emotionen und das entsprechende Verhalten seit Menschengedenken bekannt, sind es wichtige Themen, die schon zu den Zeiten, in denen die Märchen entstanden, betroffen machten. Auch sorgfältiges Nachdenken über die möglichen Ursachen solcher Emotionen finden sich in den Märchen und fordern auch uns selbst zum Blick in den Spiegel heraus.

Ein Blick in den Spiegel kann uns das Thema nahebringen: Denn was bedeutet solch ein Blick? Da sehe ich mich auf einmal von außen, als ganze Gestalt, während ich mich, jedenfalls im Hinblick auf mein Gesicht, sonst nur von innen kenne, als diejenige, die dieses Gesicht hat, die in diesem Gesicht wohnt.

Im Allgemeinen sehe ich die Welt, auch einen Teil meines Körpers, durch meine Augen, doch meine Augen selber sehe ich nicht. Meine Augen wie mein ganzes Gesicht sehe ich nur in einem Spiegel. Nur mit Hilfe eines Spiegels werde ich mir meines Gesichts, meines Aussehens, meines Ausdrucks, ja meiner Identität überhaupt, bewusst.

Als kleines Kind von etwa zwei Jahren erkennt jeder Mensch sich selbst im Spiegel und beginnt, »Ich« zu sagen. Nur durch den Spiegel lernen wir das Wesentliche an uns selber kennen, unsere Identität. Erst jetzt kann das Vergleichen mit jemand anderem beginnen – ich habe braune Augen, du hast blaue –, das zunächst einfach eine Unterscheidung ist, die deutlich macht, dass ich anders bin als du, dass diese Nase, diese Stirn nur mir eigen sind, deine Nase und Stirn sind anders. Du lachst anders als ich, du hast dann vielleicht Grübchen in den Wangen. Zuerst ist das alles wertfrei. Ich mag dein Gesicht, ich mag auch mein Gesicht, und es hängt viel davon ab, ob ich früh genug und tief genug erfahren kann, dass auch andere, mir wichtige Menschen mein Gesicht mögen. Dass sie mich anlächeln und dass wiederum ich, wenn ich lächle, auch einen Widerschein von Freude auf ihr Gesicht zaubern kann, dass sie aufstrahlen, wenn sie mich sehen.

Denn schwierig wird es, wenn ich vor dem Spiegel selber finde, dass andere viel schöner sind als ich. Was der Märchenspiegel der alten Königin sagt, das sagt sie sich im Grunde selbst. Bei dem Vergleich »Frau Königin, Ihr seid die Schönste hier, aber Sneewittchen ist tausendmal schöner als Ihr« springt der Neid in ihr auf, denn es ist ihr, als könne sie der Schönheit der anderen niemals standhalten. Und angesichts dieser Ansicht, die vielleicht auch eine Einsicht ist, kommt eine namenlose Angst in ihr auf. Angst wovor?

Vor der Selbstentwertung wohl, die bei einem Vergleich mit der anderen für sie herauskommen könnte? So reagiert diese Königin, so reagiert der Neid. Selbstentwertung beim Vergleich mit anderen ist die Wurzel des Neides und der Eifersucht. Selbstüberhebung könnte andererseits zu einer Selbstverliebtheit führen wie bei Narziss, der sich in sein eigenes Spiegelbild im Wasser so sehr verliebt, dass er der Liebe zu jemand anderem nicht mehr fähig ist.

Beides – Selbstabwertung wie Selbstüberhebung – sind Formen eines Ungleichgewichts beim Vergleich seiner selbst mit den anderen, sind Formen eines ungesunden Narzissmus, bei beidem stimmt die Proportion der Selbstliebe im Vergleich mit der Einschätzung der anderen nicht. Beides kommt aus dem Mangel aus echter Selbstachtung.

Im rechten Sinne angeschaut, kann das Spiegelbild stattdessen zur Wurzel des Selbstwertes werden, kann es uns unsere unverwechselbare Eigenart und die Schönheit dieser Eigenart zu Bewusstsein bringen, auch das Liebenswerte dieser Eigenart. Wo uns das Liebenswerte dieser Eigenart gespiegelt wurde – wir sprechen ja auch im übertragenen Sinne von »Spiegelung« –, da ist dies ein großer Gewinn und ein sicherer Schutz vor Selbstentwertung, wie es z. B. die positive Spiegelung der Gestalt »Zottelhaube« in dem norwegischen Märchen durch ihre schöne Schwester ist. Werden wir hingegen abwertend gespiegelt – wie »Zweiäuglein« durch ihre Mutter und Schwestern –, dann bedarf es vertiefter Verwurzelung im Eigenen, wie sie der wunderbare Baum hat, der ihr erwächst und der nur ihr Früchte bringt, am Schluss jenes Märchens.

Der Blick in den Spiegel ermöglicht vertiefte Selbstreflexion – Reflektieren hängt, bildhaft gesehen, immer mit Spiegelung zusammen – und ermöglicht mir im umfassenden Sinne Selbsterkenntnis, die Fähigkeit, ich selbst zu sein, Authentizität. Diese wiederum ist die stärkste Gegenkraft gegen Neid und Eifersucht. Selbstwert zu haben, bewahrt vor aller Selbstentwertung beim Vergleich, so wie es die wilde Zottelhaube in dem gleichnamigen Märchen eindrucksvoll vorlebt, in ihrer unverbrüchlichen Liebe zu der auffallend schönen Schwester, während sich die Königstochter eines anderen Märchens zur Gänsemagd degradieren lässt, als sie durch den Neid ihrer Kammerjungfer negativ gespiegelt und abschätzig behandelt wird. Auch in dem Märchen *Die zwei Brüder* ereignet sich gegen Ende eine Versteinerung des einen Bruders, der sich unter dem Blick der Hexe entwertet sieht.

Der Blick in den Spiegel hat also nicht nur mit einer Erkenntnis des eigenen Gesichts zu tun, sondern auch mit einer Erkenntnis des Wesens, er kann uns zeigen, wo wir jetzt in unserer persönlichen Entwicklung stehen, und uns damit auch einen Blick in Vergangenheit und Zukunft gewähren. So weiß der Spiegel der neidischen Königin immer, wo sich Schneewittchen befindet. Tiefe Selbstreflexion weiß dies auch, sieht sowohl kristallklar die eigene Befindlichkeit als auch die der Beneideten. Selbstreflexion und Selbsterkenntnis aber gelten als Schlüssel der Weisheit.

Spiegelneuronen wiederum bilden, wie die neuere Gehirnforschung herausgefunden hat, die Grundlage für unser Mitgefühl füreinander. Aufgrund der Spiegelneuronen, die uns den Schmerz des anderen spiegeln, zucken wir zusammen, wenn ein anderer sich verletzt. So sind die Spiegelneuronen Basis für unser Mitempfinden mit den anderen und damit auch für das Gönnen, in dem wir den anderen das gleiche Heilsein und Wohlsein im Leben wünschen wie uns selbst. Neid, so können wir jetzt sagen, kommt aus dem Mangelerleben, dem Mangel an Selbstwert und Selbstwirksamkeit, Gönnen dagegen aus dem Gefühl des Genügens, genug zu sein und zu haben, sich selbst zu genügen, sich selbst zu mögen mit dem Gesicht, das man hat, und der Wirksamkeit, die einem gegeben ist.

Die Schönheit der Königin wird ja in dem Spruch des Spiegels »Frau Königin, Ihr seid die Schönste hier« überhaupt nicht bestritten, sondern bestätigt. Das könnte ihr genügen. Lernen müsste sie, dass es nur um eine Relativierung geht, die einer anderen zugesteht, ebenso schön, und dort, an deren Ort, vielleicht auch schöner zu sein. Hier ist diese Königin ja unbestritten die Schönste.

In dem folgenden Nachdenken über Gönnen und Neiden am Beispiel von fünf Märchen, in denen beides eine Rolle spielt, soll es nun auch nicht um eine exklusive oder durchgehende psychologische Interpretation gehen, wie sie vielfach schon vorliegt, sondern um eine spezifische Beleuchtung der Situationen des Neidens und des Gönnens, wie sie in dem jeweiligen Märchen gesehen und dargestellt werden. Die Märchen wurden unter dieser Thematik im Rahmen eines Seminars bei der Jahrestagung der Internationalen Gesellschaft für Tiefenpsychologie 2011 in Lindau vorgestellt und in ihrer Bedeutung erarbeitet. Herzlich danke ich den zahlreichen Teilnehmerinnen und Teilnehmern für die inspirierende Begegnung und Auseinandersetzung mit den Bildern und Vorstellungen der Märchen.

Ingrid Riedel
Konstanz, im Mai 2012

Die Gänsemagd

Es lebte einmal eine alte Königin, der war ihr Gemahl schon lange Jahre gestorben, und sie hatte eine schöne Tochter, wie die erwuchs, wurde sie weit über Feld auch an einen Königssohn versprochen. Als nun die Zeit kam, wo sie vermählt werden sollten und das Kind in das fremde Reich abreisen musste, packte ihr die Alte gar viel köstliches Gerät und Geschmeide ein: Gold und Silber, Becher und Kleinode, kurz alles, was nur zu einem königlichen Brautschatz gehörte, denn sie hatte ihr Kind von Herzen lieb. Auch gab sie ihr eine Kammerjungfer bei, welche mitreiten und die Braut in die Hände des Bräutigams überliefern sollte, und jede bekam ein Pferd zur Reise, aber das Pferd der Königstochter hieß Falada und konnte sprechen. Wie nun die Abschiedsstunde da war, begab sich die alte Mutter in ihre Schlafkammer, nahm ein Messerlein und schnitt damit in ihre Finger, dass sie bluteten; darauf hielt sie ein weißes Läppchen unter und ließ drei Tropfen Blut hineinfallen, gab sie der Tochter und sprach: »Liebes Kind, verwahr sie wohl, sie werden dir unterweges nottun.«

Also nahmen beide voneinander betrübten Abschied, das Läppchen steckte die Königstochter in ihren Busen vor sich, setzte sich aufs Pferd und zog nun fort zu ihrem Bräutigam. Da sie eine Stunde geritten waren, empfand sie heißen Durst und rief ihrer Kammerjungfer: »Steig ab und schöpfe mir mit meinem Becher, den du aufzuheben hast, Wasser aus dem Bach, ich möchte gern einmal trinken.«

»Ei, wenn Ihr Durst habt«, sprach die Kammerjungfer, »so steigt selber ab, legt Euch ans Wasser und trinkt, ich mag Eure Magd nicht sein!«

Da stieg die Königstochter vor großem Durst herunter, neigte sich über das Wässerlein im Bach und trank und durfte nicht aus dem goldnen Becher trinken.

Da sprach sie: »Ach Gott!« Da antworteten die drei Blutstropfen: »Wenn das deine Mutter wüsste, das Herz im Leibe tät ihr zerspringen.« Aber die Königsbraut war demütig, sagte nichts und stieg wieder zu Pferd.

So ritten sie etliche Meilen weiter fort, und der Tag war warm, dass die Sonne stach, und sie durstete bald von Neuem; da sie nun an einen Wasserfluss kamen, rief sie noch einmal ihrer Kammerjungfer: »Steig ab und gib mir aus meinem Goldbecher zu trinken!« Denn sie hatte aller bösen Worte längst vergessen.

Die Kammerjungfer sprach aber noch hochmütiger: »Wollt Ihr trinken, so trinkt allein, ich mag Eure Magd nicht sein.«

Da stieg die Königstochter hernieder vor großem Durst und legte sich über das fließende Wasser, weinte und sprach: »Ach Gott!« Und die Blutstropfen antworteten wiederum: »Wenn das deine Mutter wüsste, das Herz im Leibe tät ihr zerspringen!«

Und wie sie so trank und sich recht überlehnte, fiel ihr das Läppchen, worin die drei Tropfen waren, aus dem Busen und floss mit dem Wasser fort, ohne dass sie es in ihrer großen Angst merkte.

Die Kammerjungfer hatte aber zugesehen und freute sich, dass sie Gewalt über die Braut bekäme, denn damit, dass diese die Blutstropfen verloren hatte, war sie schwach und machtlos geworden. Als sie nun wieder auf ihr Pferd steigen wollte, das da hieß Falada, sagte die Kammerfrau: »Auf Falada gehör ich, und auf meinen Gaul gehörst du«, und das musste sie sich gefallen lassen. Dann hieß sie die Kammerfrau auch noch die königlichen Kleider ausziehen und ihre schlechten anlegen, und endlich musste sie unter freiem Himmel schwören, dass sie am königlichen Hof keinem Menschen davon sprechen wollte, und wenn sie diesen Eid nicht abgelegt hätte, wäre sie auf der Stelle umgebracht worden. Aber Falada sah das alles an und nahm's wohl in Acht.

Die Kammerfrau stieg nun auf Falada und die wahre Braut auf das schlechte Ross, und so zogen sie weiter, bis sie endlich in dem königlichen Schloss eintrafen. Da war große Freude über ihre Ankunft, und der Königssohn sprang ihnen entgegen, hob die Kammerfrau vom Pferde und meinte, sie wäre seine Gemahlin, und sie wurde die Treppe hinaufgeführt, die wahre Königstochter aber musste unten stehen bleiben. Da schaute der alte König aus dem Fenster und sah sie im Hofe halten, wie sie fein war, zart und gar schön; und ging alsbald hin ins königliche Gemach und fragte die Braut nach der, die sie bei sich hätte und da unten im Hofe stände, und wer sie wäre?

»Ei, die hab ich mir unterwegs mitgenommen zur Gesellschaft, gebt der Magd was zu arbeiten, dass sie nicht müßig steht.«

Aber der alte König hatte keine Arbeit für sie und wusste nichts, als dass er sagte: »Da hab ich so einen kleinen Jungen, der hütet die Gänse, dem mag sie helfen!« Der Junge hieß Kürdchen, dem musste die wahre Braut helfen Gänse hüten.

Bald aber sprach die falsche Braut zu dem jungen König: »Liebster Gemahl, ich bitte Euch, tut mir einen Gefallen!«

Er antwortete: »Das will ich gerne tun.«

»Nun, so lasst mir den Schinder rufen und dem Pferd; worauf ich hergeritten bin, den Hals abhauen, weil es mich unterwegs geärgert hat.« Eigentlich aber fürchtete sie sich, dass das Pferd sprechen möchte, wie sie mit der Königstochter umgegangen wäre.

Nun war das so weit geraten, dass es geschehen und der treue Falada sterben sollte, da kam es auch der rechten Königstochter zu Ohr, und sie versprach dem Schinder heimlich ein Stück Geld, das sie ihm bezahlen wollte, wenn er ihr einen kleinen Dienst erwiese. In der Stadt war ein großes, finsteres Tor, wo sie abends und morgens mit den Gänsen durchmusste. Unter das finstere Tor möchte er dem Falada seinen Kopf hinnageln, dass sie ihn doch noch mehr als einmal sehen könnte. Also versprach das der Schindersknecht zu tun, hieb den Kopf ab und nagelte ihn unter dem finsteren Tor fest.

Des Morgens früh, als sie und Kürdchen unterm Tor hinaustrieben, sprach sie im Vorbeigehen:

»O du Falada, da du hangest«,

da antwortete der Kopf:

»O du Jungfer Königin, da du gangest,
wenn das deine Mutter wüsste,
ihr Herz tät ihr zerspringen.«

Da zog sie still weiter zur Stadt hinaus, und sie trieben die Gänse aufs Feld. Und wenn sie auf der Wiese angekommen war, saß sie hier und machte ihre Haare auf, sie waren eitel Gold, und Kürdchen sah sie und freute sich, wie sie glänzten, und wollte ihr ein paar ausraufen. Da sprach sie:

»Weh! Weh! Windchen,
nimm Kürdchen sein Hütchen,
und lass'n sich mit jagen,
bis ich mich geflochten und geschnatzt
und wieder aufgesatzt.«

Und da kam ein so starker Wind, dass er dem Kürdchen sein Hütchen wegwehte über alle Land, dass es ihm nachlief, und bis es wiederkam, war sie mit dem Kämmen und Aufsetzen fertig, und er konnte keine Haare kriegen. Da es Abend wurde, dann gingen sie nach Haus. Den andern Morgen, wie sie unter dem finstern Tor hinaustrieben, sprach die Jungfrau:

»O du Falada, da du hangest«,

es antwortete:

»O du Jungfer Königin, da du gangest,
wenn das deine Mutter wüsste,
das Herz tät ihr zerspringen!«

Und in dem Feld setzte sie sich wieder auf die Wiese und fing an, ihr Haar auszukämmen, und Kürdchen lief und wollte danach greifen, da sprach sie schnell:

»Weh! Weh! Windchen,
nimm dem Kürdchen sein Hütchen,
und lass'n sich mit jagen,
bis ich mich geflochten und geschnatzt
und wieder aufgesatzt.«

Da wehte der Wind und wehte ihm das Hütchen vom Kopf weit weg, dass es nachzulaufen hatte, und als es wiederkam, hatte sie längst ihr Haar zurecht, und es konnte keins davon erwischen, und sie hüteten die Gänse, bis es Abend wurde.

Abends aber, nachdem sie heimkamen, ging Kürdchen vor den alten König und sagte: »Mit dem Mädchen will ich nicht länger Gänse hüten.«

»Warum denn?«, sprach der alte König.

»Ei, das ärgert mich den ganzen Tag.«

Da befahl ihm der alte König zu erzählen, wie's ihm denn mit ihr ginge. Da sagte Kürdchen: »Des Morgens, wenn wir unter dem finstern Tor mit der Herde durchkommen, so ist da ein Gaulskopf an der Wand, zu dem redet sie:

›Falada, da du hangest‹,

da antwortet der Kopf:

›O du Königsjungfer, da du gangest,
wenn das deine Mutter wüsste,
das Herz tät ihr zerspringen!‹«

Und so erzählte Kürdchen weiter, was auf der Ganswiese geschähe und wie es da dem Hut im Winde nachlaufen müsste.

Der alte König befahl ihm aber, den nächsten Tag wieder hinauszutreiben, und er selbst, wie es Morgen war, setzte sich hinter das finstere Tor und hörte da, wie sie mit dem Haupt des Falada sprach; und dann ging er ihr auch nach in das Feld und barg sich in einem Busch auf der Wiese. Da sah er nun bald mit seinen eigenen Augen, wie die Gänsemagd und der Gänsejunge die Herde getrieben brachten und nach einer Weile sie sich setzte und ihre Haare losflocht, die strahlten von Glanz. Gleich sprach sie wieder:

»Weh! Weh! Windchen,
nimm Kürdchen sein Hütchen,
und lass'n sich mit jagen,
bis ich mich geflochten und geschnatzt
und wieder aufgesatzt.«

Da kam ein Windstoß und fuhr mit Kürdchens Hut weg, dass es weit zu laufen hatte, und die Magd kämmte und flocht ihre Locken still fort, welches der alte König alles beobachtete. Darauf ging er unbemerkt zurück, und als abends die Gänsemagd heimkam, rief er sie beiseite und fragte, warum sie das alles so täte.

»Das darf ich Euch und keinem Menschen sagen, denn so hab ich unter freiem Himmel geschworen, weil ich sonst um mein Leben wäre gekommen.«

Er aber drang in sie und ließ ihr keinen Frieden. »Willst du mir's nicht erzählen«, sagte der alte König endlich, »So darfst du's doch dem Kachelofen erzählen.«

»Ja, das will ich wohl«, antwortete sie. Damit musste sie in den Ofen kriechen und schüttete ihr ganz Herz aus, wie es ihr bis dahin ergangen und wie sie von der bösen Kammerjungfer betrogen worden war. Aber der Ofen hatte oben ein Loch, da lauerte ihr der alte König zu und vernahm ihr Schicksal von Wort zu Wort.

Da war's gut, und Königskleider wurden ihr alsbald angetan, und es schien ein Wunder, wie sie so schön war; der alte König rief seinen Sohn und offenbarte ihm, dass er die falsche Braut hätte, die wäre bloß ein Kammermädchen, die wahre aber stände hier als die gewesene Gänsemagd. Der junge König aber war herzensfroh, als er ihre Schönheit und Tugend erblickte, und ein großes Mahl wurde angestellt, zu dem alle Leute und guten Freunde gebeten wurden, obenan saß der Bräutigam, die Königstochter zur einen Seite und die Kammerjungfer zur andern, aber die Kammerjungfer war verblendet und erkannte jene nicht mehr in dem glänzenden Schmuck.

Als sie nun gegessen und getrunken hatten und guten Muts waren, gab der alte König der Kammerfrau ein Rätsel auf: Was eine solche wert wäre, die den Herrn so und so betrogen hätte, erzählte damit den ganzen Verlauf und fragte: »Welchen Urteils ist diese würdig?«

Da sprach die falsche Braut: »Die ist nichts Besseres wert, als splitternackt ausgezogen in ein Fass, inwendig mit spitzen Nägeln beschlagen, geworfen zu werden, und zwei weiße Pferde davor gespannt müssen sie Gasse auf, Gasse ab zu Tode schleifen!«

»Das bist du«, sprach der alte König, »und dein eigen Urteil hast du gefunden, und danach soll dir widerfahren«, welches auch vollzogen wurde.

Der junge König vermählte sich aber mit seiner rechten Gemahlin, und beide beherrschten ihr Reich in Frieden und Seligkeit.

Das Grimm'sche Märchen[1] *Die Gänsemagd*[2] ist eines von denen, die einen richtig aufregen können. »Wie konnte diese Königstochter nur so blöd sein, sich alles wegnehmen zu lassen!«, empörte sich eine Zuhörerin, als ich in einem Seminar dieses Märchen vorgelesen hatte. Ein anderer meinte: »Mir gefällt diese Kammerjungfer in ihrer Aufmüpfigkeit. Man ist ja auch nicht dazu geboren, andere zu bedienen!« Versuchen wir also, das Märchen in seiner Aussage zu verstehen, indem wir die von ihm aufgerollte Lebenssituation von Anfang an bedenken.

Die Königstochter, die Heldin dieses Märchens, hat eine liebevolle Mutter und keinen Vater. Jedenfalls ist er nicht genannt, er fehlt: Das ist untypisch für Königsmärchen. Wenn er fehlt, wird er meist als gestorben betrachtet. So kommt diese Königstochter ganz von der Mutter her. Sie hat eine stark gefühlsbetonte Beziehung zur Mutter. Psychologisch könnte man von einem Mutterkomplex sprechen, der positiv getönt ist. Es gilt als typisch für Menschen, die aus einer warmen Mutterbeziehung kommen, dass sie eher wenig Phantasie für das Böse haben, für möglichen Neid. Sie fühlen sich zunächst fraglos geborgen unter Menschen, gerne gemocht und geschützt. Gerade aus einer positiven Mutterbeziehung heraus entsteht oft das Gefühl einer Geborgenheit, enthält sie doch auch eine gewisse Verwöhnung. Noch dazu ist diese Tochter hochgeboren, aus königlichem Geschlecht. Das bedeutet im günstigen Fall auch, dass sie von hohen Werten getragen ist. Königin zu werden heißt ja auch, souverän werden zu wollen.

Um diese Königstochter wurde geworben. Sie soll Königin werden, also souverän werden, sich mit einem Mann, also auch mit dem männlichen Prinzip verbinden, das ihr noch relativ fremd ist. Ihr fehlt ja der Vater, ihr fehlen auch die Brüder. Sie wird gut ausgerüstet mit einem Brautschatz, einem besonderen Pferd sowie einer, wie die Mutter meint, vertrauenswürdigen Begleiterin. Doch fehlen männliche Begleiter auffällig bei dieser Brautreise. Über männliche Kräfte – äußere und vielleicht auch innere – verfügt diese Mutter nicht und kann sie deshalb ihrer Tochter auch nicht mitgeben. Sie verfügt nicht mehr darüber, denn sie ist offensichtlich Witwe, hat keine große Macht mehr nach außen, wohl aber nach innen über ihre Liebe zu der einzigen Tochter. Diese Tochter ist bei einer trauernden Mutter herangewachsen – hat deshalb vielleicht auch gelernt, die Mutter zu trösten und nicht zu belasten, also sich selbst und ihre Bedürfnisse zurückzustellen.

Auf die Reise zu ihrem Bräutigam wird der Königstochter eine Begleiterin mitgegeben, eine Kammerjungfer, nicht einfach eine Magd. Die Kammerjungfer ist meist eine enge Vertraute der Königin, soll ja bei der Anreise der verlängerte Arm der Mutter sein: beschützend und geleitend. So ist sie im Allgemeinen eine hochgestellte Persönlichkeit am königlichen Hof und selbst von hohem Adel.[3] Aber ihr ist in diesem Fall die dienende, die bedienende Rolle zugedacht. Sie ist zumindest nur die Zweite am Hof. Von hier aus baut sich die Neid-Dynamik in diesem Märchen in aller Schärfe auf.

Noch etwas sehr Wichtiges, ein magischer Schutz gleichsam, wird der Tochter von ihrer Mutter mitgegeben: *Falada*, das Pferd, das sprechen kann. Ein merkwürdiger Name! In einer anderen Version dieses Märchentypus heißt es *Folle*. Der Name geht auf alte Wurzeln zurück.[4] *Folle* oder *Fohle* ist noch heute ein alter süddeutscher Name für Stute. *Fähl* nennt man im bäuerlichen Allgäu das Mädchen. Das Fohlen also ist das Junge der Fohle. Falada ist also eine Stute. Stute und Mädchen, Pferd und Reiterin gehören eng zusammen. Zudem ist das Pferd das Symbol frühgeschichtlicher Erd- und Muttergöttinnen, die zuerst selbst in Gestalt der Stute dargestellt wurden, später als Reiterin oder begleitet von Pferden. Im Pferd begleitet auch die Göttin die jeweilige Reiterin. Am bekanntesten dafür ist Epona, die keltische Muttergottheit, die mythologisch selbst als Pferd dargestellt wurde. Auch die griechische Göttin Demeter wurde zuerst als Leukippe, als Weißstute verehrt, später als Pferdeköpfige, schließlich von Pferden begleitet. Auch in der klassischen hellenischen Mythologie blieb ihr die Fähigkeit, sich in ein Pferd zu verwandeln.

Das Pferd zeichnet sich aus durch Feinfühligkeit, Beziehungsfähigkeit, Tragfähigkeit. In sich selbst ist es von vitaler Kraft, von Feuer, Schnelligkeit, auch Instinktsicherheit im Vergleich zum Menschen. Es verkörpert oft eben die Körperseite, das Körperliche überhaupt, so wie für junge Mädchen oft die Pferde einen ersten Kontakt auch zu ihrer eigenen Körperlichkeit bedeuten. Pferden sind auch wilde Instinkte und Emotionalität eigen. Dies zeigt sich sprichwörtlich in der Redewendung: »Es sind einem die Pferde durchgegangen.« Dies steht für wilde Emotionen, die sich der Domestizierung entziehen. Falada bedeutet also für die Reiterin, einen Bezug zur Körperseite zu haben, einen Rückbezug zur Mutter und schließlich zur weiblichen Gottheit, zu ihrer persönlichen Weiblichkeit, von der sie sich getragen fühlen soll. Dieses Pferd kann sprechen, sich ausdrücken, also zu ihr Kontakt aufnehmen und ihr die Wahrheit sagen.

Der zweite magische Schutz, den sie mitbekommt, sind die drei Blutstropfen der Mutter. Sie gibt etwas von ihrem Lebenssaft, von ihrem innersten Leben der Tochter mit, etwas von ihrem Herzblut. Hier klingt etwas an wie Blutsschwesternschaft in Analogie zur Blutsbrüderschaft der Männer. Das Blut der Mutter ist verbunden mit den weiblichen Mysterien, der Menstruation, dem Gebären, auch der Verwundung und dem Schmerz überhaupt, die mit der ersten sexuellen Begegnung verbunden sein können, der sie entgegengeht. Doch meinen die drei Blutstropfen in erster Linie ihre Verbundenheit mit der Mutter.

Unterwegs in der Übergangsphase zwischen dem Tochtersein bei der Mutter und dem Frauwerden als Königin an der Seite des Mannes entfaltet sich die Neid-Thematik in diesem Märchen, ausgehend von dem plötzlichen Durst der Königstochter, der sie auf dieser ersten selbstständigen Reise überkommt. Der Ritt auf diesem Weg zur Souveränität ist enorm anstrengend und entbehrungsreich, weg von der Mutter, bei der sie jederzeit zu trinken bekommen konnte, als Baby – und sei es bei der Amme –, als Heranwachsende; immer wurde ihr Durst fraglos gestillt. Die Königstochter ist von der guten Mutter und ihrer hohen Stellung her gewöhnt, sich den Durst stillen zu lassen. Eine gewisse Verwöhnung und Symbiose mit der Mutter und dem Mütterlichen ist vorauszusetzen, und ihre hohe Stellung bedingt, dass sie sich bedienen lassen kann. Da setzt ihr die Kammerjungfer nun unerwarteten Widerstand entgegen.

Eine Kammerjungfer ist, wie schon gesagt, eine adelige enge Vertraute oder Verwandte der Königin. In diesem Märchen soll sie die Königstochter zum Bräutigam bringen und hat eine dienende Rolle. Die Kammerfrau ist also hochgeachtet am Hof, doch sie ist eindeutig die Zweite nach der Königstochter. Was die Erste hat, möchte auch sie haben. Sie möchte die Erste werden. Das ist die Psychodynamik des Neides: Man begnügt sich nicht mit dem Guten, das man hat, sondern achtet es gering im Vergleich mit dem Besten, was man sich vorstellen kann.

Dennoch ist es das Positive am Neid, dass er auch eine Entwicklungsaufgabe stellt: Die Kammerjungfer spürt, dass sie die Rolle der anderen, nämlich als Geliebte eines Souveräns selbst souverän zu werden, auch ausfüllen möchte und vielleicht könnte. Sie spürt die Kraft, die Möglichkeit und die Fähigkeit dazu. Das Negative daran: Sie kann es sich nur so vorstellen, dass sie es einer anderen wegnimmt, anstatt es aus sich selbst heraus zu entwickeln. Sie könnte es auch haben, auch als Zweite neben der Königstochter, aber sie ist nur zufrieden, wenn sie die Erste im Reich ist. Auch ihr, der Kammerjungfer, steht grundsätzlich zu, souverän zu werden, einen ranghohen souveränen Mann zu finden – sie müsste es nicht an sich reißen um den Preis eines Verrats an Treu und Glauben. Doch gegenüber der, die ihr anvertraut ist, hier im Märchen, ist sie die Zweite, gleichsam die Schattenschwester der Königstochter, die das lebt, was für die verwöhnte und vertrauensvolle Königstochter im Schatten liegt, was sie noch nicht kennt, was aber vielleicht zur vollen Souveränität gehörte. Auch das Märchen wird so erzählt, dass wir mit der Königstochter fühlen, mit ihr leiden und nicht mit der Kammerjungfer. Es bleibt uns als Leserinnen und Lesern des Märchens allerdings unbenommen, auch mit der Kammerjungfer zu fühlen, also mit der Neiderin, nicht mit der Beneideten. Auch im Blick auf die durch Geburt fixierten sozialen Rollen der damaligen Zeit kann man das Verhalten dieser begabten Frau begreifen: als Aufbegehren gegen solche Festlegungen. Die Königstochter ist die Hauptperson der Erzählung. Wäre das Märchen ein Traum, dürfte man durchaus subjektstufig fragen, ob die Schattenschwester nicht auch ein unbewusster Anteil der

Königstochter selbst ist, dem sie sich aber noch nicht gewachsen fühlt.

Wie konnte es der Königstochter geschehen, dass sie so übervorteilt wird und darüber ihr Selbstvertrauen und das Gefühl für ihren Selbstwert verliert?

Ich möchte zunächst eine Eigenschaft unterstreichen, die hier zweifellos positiv gemeint ist: »Sie war demütig«, heißt es im Märchen. Sie ist nicht hochmütig. Auch das kann für die Töchter guter Mütter gelten. Sie müssen sich nicht aufspielen. Sie haben ein gutes Grundgefühl für ihren Wert. Nun geht sie zum Fluss und trinkt, am Wasser liegend, ohne Becher. Sie macht kein Aufhebens davon. Den Becher hätte sie allerdings anfordern oder selbst auspacken und mit ans Wasser nehmen können. Wir spüren ihre Gutartigkeit, aber auch ihre Unerfahrenheit, ja Hilflosigkeit in Dingen des täglichen Lebens. Dies alles haben die Mutter und die Dienstboten ihr bisher offenbar abgenommen. Auf Probleme, auf Widerstand einer Bediensteten gar, ist sie überhaupt nicht gefasst.

Wir spüren auch, dass ihre Gutartigkeit und Gutmütigkeit zu weit gehen. Sie kann sich das Ihre nicht holen, nicht einmal einen Becher, um aus ihm trinken zu können. So verliert sie hier ein bisschen an Würde, indem sie sich fraglos zumuten lässt, am Wasser niederzukauern und aus hohlen Händen zu trinken. Immerhin vermag sie wenigstens, ihren Durst zu löschen, eben weil sie demütig und wesensmäßig bescheiden ist. Doch wir spüren, dass etwas von dem fehlt, was die Kammerfrau im Übermaß hat: die Fähigkeit, für sich selbst zu sorgen, sich etwas zu nehmen, was ihr zusteht. Durchsetzungsvermögen, die Fähigkeit, sich etwas zu nehmen, ja sich etwas herauszunehmen, ist bei ihr überhaupt noch nicht entwickelt. Es müsste ja nicht so rücksichtslos zugehen wie bei der Kammerfrau. Aber Durchsetzungsvermögen und die Fähigkeit, für sich selbst zu sorgen, braucht man, um das Leben zu bestehen, und das fehlt ihr bitter.

Bisher hat sie die Mutter Königin und die Bediensteten für sich sorgen lassen können. Ist sie nicht auch ein sehr verwöhntes Kind? Da hat ihre Schattenschwester etwas, eine Tatkraft, von der sie selbst etwas gebrauchen könnte. Wäre das Märchen ein Traum, so dürfte man die Kammerjungfer subjektstufig als eine Gestaltung ihres eigenen Schattens verstehen, in dem Sinne, dass sie von einer Seite von sich träumt, die ihr selber noch unbewusst ist, die noch im Dunklen liegt, »verschattet« ist, die aber zur Entwicklung notwendig sein wird. Noch fehlt dieser Schatten ihr aber völlig, und wieder verspürt sie, eben weil ihr etwas fehlt, einen offenbar brennenden Durst. Der Ritt, der Lebensübergang, ist anstrengend. Ihre Gutartigkeit – als geliebte Tochter ihrer Mutter ist sie ihr eigen – zeigt sich erneut darin, dass sie »aller bösen Worte« der Kammerfrau längst vergessen hatte, als sie diese erneut um einen Becher Wasser bittet. Sie ist nicht nachtragend – das ist schön, doch reflektiert sie das Geschehene auch nicht und bleibt naiv. Da entgegnet ihr die Kammerjungfrau erneut und noch hochmütiger als zuvor: »Wollt Ihr trinken, so trinkt allein, ich mag Eure Magd nicht sein.« Sie wirft ihre dienende Rolle ab. Die Königstochter hat offensichtlich aus dem ersten Zusammenstoß mit dem tatkräftigen Neid ihrer Kammerfrau noch nichts gelernt – außer, ein schmerzliches Gefühl der Demütigung zulassen zu können und sich über das fließende Wasser zu beugen, zu weinen und sich ihrer Mutter zu entsinnen: »Wenn das deine Mutter wüsste«, sagen deren drei Blutstropfen, »das Herz im Leibe tät ihr zerspringen.«

Was bewirkt dieses Amulett der Mutter?

Die positive Wirkung ist: Sie weiß sich trotz dieser Demütigung als geliebte, geachtete Tochter ihrer Mutter, erinnert sich an ihren Rang und an ihre Aufgabe, souverän zu werden. Ihre seelischen Ressourcen werden aufgerufen, ihr Selbstwert wird gestärkt, sobald sie an die Liebe ihrer Mutter denkt. Zugleich bewirkt es aber auch Negatives: Die Worte der Blutstropfen wecken auch ihr Selbstmitleid und verstärken es. Sie locken Tränen hervor, sie lassen sie gar noch um das Herz ihrer Mutter fürchten. Die drei Blutstropfen verführen, im Sinne des Selbstmitleids, auch zu einer gewissen Regression, wollen aber doch eigentlich an die Kraft der mütterlichen Liebe erinnern und der Königstochter dabei den Weg zum Frausein öffnen. Kann es sein, dass sie, die nur von der Mutter lernte – einer Mutter, die zugleich auch um den verlorenen Mann trauerte, der ihr fehlte –, nicht gelernt hat, aufzubegehren, sondern eher, das Leid der Mutter mitzutragen, demütig zu sein und das Böse nicht anzurechnen? Auch eine Mutter, die nur Anpassung oder gar Unterwerfung unter ihren Mann kennt, der also der Partner ebenso fehlte, kann die Tochter nur Hingabe, Demut und Nachsicht mit Ungerechtigkeit lehren, nicht aber, sich zu wehren und selbst ein Stück gesunder Aggression zu entfalten.

Nun fällt das Läppchen mit den magischen Blutstropfen, die sie mit der Mutter verbinden, gar in den Fluss, wird vom Fluss weggetragen – es schützt sie nicht mehr, es bindet sie aber auch nicht mehr in die Symbiose mit der Mutter. Doch diesem Verlust, den ihr Entwicklungsweg fordert und der nicht nur von der Bosheit der Kammerfrau verursacht wurde, ist sie überhaupt noch nicht gewachsen. Sie fühlt sich von Mutters Segen verlassen. Und diese Verlassenheit und die damit verbundene tiefe Verunsicherung werden von der Rivalin sofort bemerkt, noch ehe es die Königstochter selber wahrnimmt.

Die Kammerfrau wittert ihre Chance darin, dass die Königstochter jetzt so hilflos ist. Und sie nutzt ihre Verunsicherung und Schutzlosigkeit aus zum totalen Tabubruch und zum Machtwechsel: »Auf Falada gehöre ich, und auf meinen Gaul gehörst du!« Das Pferd zu verlieren heißt für die Königstochter wiederum, die Verbindung mit ihrer vitalen Kraft und den Instinkten zu verlieren, vor allem aber auch die Verbindung zum überpersönlichen, transpersonalen Weiblichen, für die das Pferd als Tier der Göttin steht. Auf einmal besteigt die Neiderin das Pferd, d. h. für die Königstochter sieht es auf einmal so aus, als gehörte es jetzt ihrer Schattenschwester, als wären dieser nun alle Vitalität und Durchsetzungsfähigkeit, die das Pferd verkörpert, zugefallen: die Nähe zum Instinkthaft-Wilden, die Nähe zum Weiblich-Vitalen, zum Körperlichen und gar die Nähe zum Weiblich-Göttlichen. Fast könnte es ihr im Moment so vorkommen, als stünde der bisherigen Kammerfrau mehr als ihr selber auch der Platz an der Seite des künftigen Königs zu, an der Seite des Souveränen, wozu es eigene Souveränität braucht, die die Königstochter noch nicht hat. Das macht sie ohnmächtig. Sie ist nicht nur in der Aggression gehemmt, sondern ist sich nun auch ihrer Identität, ihres Selbstbildes und ihres Selbstwertes nicht mehr sicher. Die Wahrheit ist: Sie war sich dessen noch gar nicht bewusst gewesen und ist deshalb so irritierbar. Sie war sich ja bis daher auch des Pferdes und seiner Bedeutung noch gar nicht bewusst gewesen, hat es noch nie zu sich sprechen lassen und zu sich sprechen hören.

Mit dem Pferd werden ihr auch die königlichen Kleider genommen. Sie lässt es zu, weil sie dem nichts entgegensetzen kann. Was sollte sie tun? Verbale Waffen anwenden, die Kammerfrau anfahren und zurechtweisen – das kann sie offenbar nicht. Sich auf einen körperlichen Ringkampf mit ihr einlassen – das kann sie offenbar erst recht nicht. Die Souveränität, die sie noch sucht, nach der sie unterwegs ist, scheint die Kammerfrau schon zu haben. Mit den königlichen Kleidern eignet diese sich auch – entsprechend der feudalen Standesordnung – die königliche Rolle an, die Rolle der Souveränen. Die Königstochter muss sich mit den »schlechten Kleidern« begnügen. Das Prädikat »schlecht« wurde im Deutschen der Grimm-Zeit im Sinne von »schlicht« verwendet. Sie muss also »schlichte«, gewöhnliche Kleider tragen und muss Falada gegen ein gewöhnliches Pferd eintauschen.

Der junge König, der sie offensichtlich noch nicht kennengelernt hat, so wie das damals in den königlichen Häusern oft Sitte war, und der die ihm lange zuvor Zugesprochene und Zugeteilte nur in Gestalt eines Sehnsuchtsbildes der idealen Frau in sich trägt, nimmt die Frau in den königlichen Kleidern, die ihr offensichtlich gut stehen, in diesem Sinne an, ohne zu fragen. Diese Kammerjungfer hat ja auch, das müssen wir ihr zugestehen, ein Stück Souveränität der wirklichen Königstochter voraus!

Die Königstochter in den Magdskleidern wäre verloren, da sie sich selbst von der Neiderin vielleicht auch innerlich besiegt fühlt – auch durch das erzwungene Schweigeversprechen –, wäre da nicht der alte König, der sie aus der Distanz, aber mit der Lebenserfahrung des Alters und einer Art von väterlicher Weisheit betrachtet und beachtet. Bisher fehlte ihr ja der Vater. Mit dem König taucht eine väterliche Gestalt auf, eine väterliche Perspektive. Die junge Frau erscheint ihm zu fein, als dass es sich um eine gewöhnliche Frau aus dem Volk, irgendeine Bedienstete und Handlangerin handeln könnte. Seine Rückfrage an die angebliche Königin ergibt allerdings nichts: Sie hätte die andere unterwegs getroffen, man solle ihr Arbeit geben. Der alte König bzw. die für die Arbeitszuweisung Zuständigen finden aber gar nichts Angemessenes für diese feine junge Frau und weisen sie schließlich dem Hütejungen als Helferin zu, als Gänsemagd und Gänseliesel. Sie nehmen sie fast noch wie ein größeres Kind, eine Jugendliche wahr. Weiter unten in der sozialen Stufenleiter kann sie kaum ankommen. Es ist ein fast noch kindlich-pubertäres Milieu mit Kürdchen auf der Gänsewiese.

Muss sie von ganz unten anfangen, da sie ihre königliche Geburt und die Bestimmung zur Souveränität zwar wesensmäßig in sich trägt, sie aber noch gar nicht bewusst wahrgenommen und verwirklicht hat? Muss sie von Grund auf damit umgehen lernen? Die Gänse, die sie mit Kürdchen zusammen hüten soll, machen nachdenklich: Warum sind es Gänse? Muss sie die »Gans« in sich selber wahrnehmen und hüten lernen? Ist es nicht immer wieder die Aufgabe junger Mädchen – die in dieser Phase oft als »dumme Gänse« bezeichnet werden –, zu lernen, für sich selbst Verantwortung zu übernehmen? Gänse sind zugleich die Vögel der Liebesgöttin und auf Zypern der Venus, in Griechenland der Aphrodite geweiht. Als Vögel verkörpern sie den Luft-, den Geist- und Phantasie-Aspekt der Göttin. Immerhin kommt ein frischer Wind auf in diesem bisher eher düsteren Märchen, als sie mit Kürdchen und den Gänsen in Berührung kommt. Bald lässt sie auch ihr Haar flattern. Sie soll also in Gestalt der Gänseliesel Gefühls- und Instinktkräfte kennen und hüten lernen, die sie zur künftigen Liebesfähigkeit braucht. Als geflügelte Kräfte haben sie auch mit Phantasie und Inspiration zu tun. Gänse hüten wie Schafe hüten versinnbildlichen in vielen Märchen eine Zeit des Zu-sich-Findens, eines Umgehens mit den inneren Trieb- und Wesenskräften, mit allem, was in einem angelegt ist.

Ehe es aber zum Gänsehüten mit Kürdchen kommt, geschieht noch etwas Entscheidendes mit Falada, der Stute. Die angebliche Braut und baldige Königin fordert deren Tod, obgleich sie diese Wunderstute damit ja auch selbst verliert. Doch sie fürchtet, durch das sprechende Pferd könnte die Wahrheit über ihren Betrug an der Gefolgschaftstreue eines Tages herauskommen.

Die echte Braut und jetzige Gänsemagd kann nicht verhindern, dass Fallada geopfert werden soll: Doch jetzt wird sie tätig, um den des Sprechens fähigen Kopf des Pferdes zu retten und ihn dadurch vielleicht zum Sprechen zu ihr selber zu bringen. Sie macht sich jetzt überhaupt erst bewusst, was sie an Falada hat – der letzten Verbindung zu ihrer Mutter. So vermag sie die sinnlose Pferdeschlachtung in ein sinnstiftendes Pferdeopfer zu verwandeln, indem sie um Faladas Kopf bittet, der über einem Tor der Stadt, durch das sie täglich geht, aufgehängt werden soll.

Olga Rinne hat in ihrer Interpretation dieses Märchens die überzeugenden Analogien des Motivs vom sprechenden Pferdekopf mit frühgeschichtlichen Vorstellungen vom Pferdeopfer verbunden.[5] Sie weist darauf hin, dass Falada vielleicht auch ein falbes, weißes Pferd sein könnte, wie es überall als Opfertier galt. Falada könnte ein Totemtier sein, ein mythologischer Seelengeleiter für die Königstochter. Seine Opferung könnte ein Initiationsgeschehen einleiten. Die Symbole des Märchens stimmen mit den Symbolen des frühen schamanischen Pferdeopfers überein, von denen auch die Germanen und Kelten wussten. »Der Schamane, der auch als Opferpriester fungiert, treibt im Ritual die wilde Seele des Pferdes, die ausbrechen will, zu ihrem Bestimmungsort, dem Wohnsitz der höchsten Gottheit, z. B. Epona, voran.«[6] Der Schamane vollzieht diesen Ritus der Beschwörung und Geleitung des Pferdes zur Gottheit auf einem rituellen Gestell in Gansgestalt sitzend und ahmt die Flugbewegung der Gänse nach. Während der Schamane, singend in seiner Trance, auf dem Seelenvogel dahinfliegt, ist das Opfertier in den Händen eines Helfers, der den Pferdekopf hält. Alle Teilnehmer der Zeremonie nehmen an der Trance des Schamanen auf seiner Reise in die andere Wirklichkeit teil.

Pferdekult und Pferdeopfer sind in der Frühgeschichte häufig: bei Kelten, Germanen, skandinavischen Völkern und im vorhellenischen Griechenland. Pferdeköpfe, auf hohen Stangen befestigt, gelten bei ihnen als starker Schutzzauber gegen Feinde und Seuchen. Sorgfältig war auch der rituelle Umgang mit den Körperteilen, die als »Sitz der Seele« galten: den Knochen, den Hufen, vor allem aber mit dem Kopf. Er wird entweder an einem geheimen Ort begraben oder an einem Ehrenplatz, an einem Baum, einem Pfosten, einem Tor aufgehängt. Der Jäger bringt sodann dem Kopf des geopferten Pferdes Gaben dar, Gebete und Gesänge, und bittet die Tierseele, wiederzukehren und weiterhin für das Leben des Stammes zu sorgen, dessen Totem sie ist. Bewahren, Hüten und rituelles Ehren des Kopfes ist die Voraussetzung, dass sich die Tierseele nach ihrer Wanderung durch die anderen Welten wieder verkörpern kann. Tieropfer wurden in der Frühzeit der frühgeschichtlichen Muttergöttin dargebracht.

Die Gänsemagd handelt hier also wie die Priesterin eines archaischen Kultes: Sie bewahrt den Kopf des geopferten Pferdes und bringt ihn an einen geheimen und zugleich erhöhten Ort – an ein Tor, einem Zugang zur Initiation –, das sie täglich durchschreitet, wobei sie mit ihm Zwiesprache halten kann. Sie hat also den magischen Schutz der Mutter und den ihres Totemtiers nicht verloren, sondern erst jetzt als eine wirkungsmächtige Zaubermedizin wiedergewonnen, denn erst durch die Opferwandlung ist Falada vom Reittier, vom Tragtier, zum sprechenden und schützenden Pferdegeist geworden: Die Stute wird damit zur Stimme der mythischen Ahnen und Ahninnen, vor allem aber der Mutter, sodass diese mit der Tochter in Verbindung bleibt, auch in der täglichen Wirklichkeit des Gänsehütens.

Es handelt sich um ein Übergangs- und Einweihungsritual: Täglich geht das Mädchen nun unter dem Torbogen mit dem sprechenden Pferd hindurch, das sie mit ihrem eigentlichen Wesen, mit ihrer Identität als Königstochter und mit der liebevollen und deshalb tiefmitleidenden Mutter verbindet. »O du, Falada, da du hangest«, so spricht sie die Wesenheit dieses Pferdes an, und es antwortet: »O du, Jungfer Königin, da du gangest, wenn das deine Mutter wüsste, ihr Herz tät ihr zerspringen.« Sprechende Pferde gibt es auch in anderen Märchen, besonders als Begleittier männlicher Helden, z. B. im Grimm'schen Märchen *Ferenand getrü und Ferenand ungetrü*, wo es ein Schimmel ist, Geschenk eines geheimnisvollen Paten. Auch gegen ihn intrigiert ein Gegenspieler, gegen den ihn das treue Pferd beschützt und das ihm zu seinem legitimen Königtum verhilft. Und unsere Jungfer Königin braucht Faladas Geist, um sich ihrer Mutter und des Geistes der weiblichen

Gottheit zu erinnern, daran zu erstarken und sich selbst zu finden.

Die Heldin ist in ihrem Exil, auf der Gänsewiese und mit einem absolut unadäquaten Gegenüber, dem jungenhaften Kürdchen, dem eigentlichen Gänsehirten, zusammengespannt. Das Ganze ist so völlig inadäquat für eine Königstochter auf Brautfahrt zum jungen König, dass es schon fast ein wenig humorvoll wirkt, im Sinne von: »Ist der Ruf erst ruiniert, lebt man endlich ungeniert.«

Ernst zu nehmen an dieser Situation ist, dass die Jungfer Königin offenbar ganz früh bei dem jungen Mädchen in sich selber ansetzen muss, das erst noch lernen muss, sich mit einem jungen Burschen zu kabbeln, mit ihm zu spielen, ihn zu necken, um die echte weibliche Identität zu entwickeln, die auch herausfordern und sich wehren kann. Auch die weibliche Macht und Magie ihrer Schönheit, ihres Haares, muss sie sich erst bewusst machen, ihres goldenen Haares, mit dem die Nixe im Teich und die Loreley am Rhein die Männer faszinieren, bis sie den Kopf verlieren. Sie lässt dieses herrliche Haar spielerisch sich lösen, im Winde wehen – das offene Haar in seiner Magie war im Mittelalter so bekannt und auch gefürchtet, dass gelegentlich Frauen schon allein wegen ihres offenen, faszinierenden Haares als Hexen verdächtigt wurden. Auch Kürdchen ist erotisch fasziniert von ihr, will sich mit ihr raufen, ihr ein paar goldene Haare ausreißen, sie sich aneignen, er ist ein übermütiger Hirtenbub, sie aber wird sich plötzlich und immer mehr ihrer weiblichen Anziehungskraft bewusst, auch ihrer magischen Fähigkeiten. Sie bestimmt, welcher Wind zwischen ihnen weht. Wie eine Schamanin lässt sie den Wind kommen, so dass Kürdchen seinem Hut, seiner eigenen Kopfbedeckung nachjagen muss, während sie ihr Haar wieder zum Brautschmuck aufsetzt. Im Mittelalter trug das junge Mädchen das Haar in Zöpfen, die Braut trug den »Brautschnatz«, bis sie dann unter die Haube kam.

Kürdchen aber ist so empört über ihr herausforderndes Spiel, dem er sich nicht gewachsen fühlt, dass er zum alten König läuft, dem man sich offenbar anvertrauen kann, und alles petzt: ihr lustvolles Spiel mit ihm, aber auch die düster-tragischen Worte des Pferdehauptes über dem Tor: »O Jungfer Königin, da du gangest. Wenn das deine Mutter wüsste, das Herz im Leibe tät ihr zerspringen.« Der weise alte väterliche König, voll Gunst für die unbekannte feine junge Frau, will von da an der Gänsemagd Geheimnis lüften. Doch schweigt sie, gemäß dem ihr abgerungenen Schwur, der inzwischen vielleicht auch von ihr verinnerlicht worden ist, weil sie nun aus Scham und Stolz nichts sagen will. Da findet der gütige König, vielleicht auch mit etwas Humor, eine symbolische Lösung: Wenn schon keinem Menschen, so dürfe sie es doch einem Kachelofen sagen. Dies ist ein psychologisch sehr kluger Einfall: Es ist sinnlos und kontraproduktiv, einen durch Scham und verletzten Stolz verwundeten Menschen mit seiner Unglücksgeschichte, womöglich einem Trauma, konfrontieren zu wollen. Er braucht vielmehr zuvor einen sicheren Ort, und wenn es ein imaginierter wäre, einen inneren Freund, eine weise Frau, einen Baum oder eben einen Ofen, um sich auszusprechen, sich anzuvertrauen.

Ein Ofen ist ein Ort der Verwandlung von Holz oder Kohle in Wärme: ein traditioneller Ort weiblichen Wirkens. Schon seit frühesten Zeiten hüten Frauen das Feuer sowohl im Haushalt als auch im Kult. Die Vestalin ist die Hüterin des heiligen Feuers. Der Ofen gehört symbolisch zu den Urbildern des Weiblichen als Gefäß, das er ist, wie der Leib Frau. Hier im Märchen ist er sowohl sicherer Ort als auch Ort und Gefäß einer inneren Wandlung. Indem die Königstochter sich selbst ihre Geschichte der Selbstentfremdung bis hin zu ihrer Erniedrigung als Gänsemagd erzählt, lässt sie Angst, Hilflosigkeit und Scham über den Verlust ihrer wahren Identität vor sich selbst zu. Sie begreift wohl auch ihr Versagen gegenüber einer solchen Neidattacke, ihre bisherige Hilflosigkeit gegenüber der Aggressivität einer anderen, weil ihr, als verwöhnte Tochter einer liebevollen Mutter, so viel eigene Aggressivität gar nicht zur Verfügung steht. Es gilt für sie, die Fähigkeit zur Abgrenzung gegenüber der Anmaßung anderer überhaupt erst zu gewinnen und damit die eigene Identität als Königstochter, als souveräne Frau zu finden.

Es ist eine Art von Initiation, die hier stattfindet, gleichsam im Feuerofen der Wandlung, auch wenn er real nicht angezündet ist. Die Königstochter findet sich selber wieder, indem sie dem Kachel- oder Eisenofen (so in einer anderen Fassung) ihre Lebensgeschichte erzählt. Es ist für sie selber wie ein Lebensrückblick, der ihr zur Selbstheilung dient – so wie man sich in einer Therapie aussprechen mag. Der König, als wohlwollende königliche Instanz, hört zu, wie ein Therapeut oder eine Seelsorgerin zuhören könnte: Die Gänsemagd lässt in der Dunkelheit und im geschützten Raum des Ofens ihre Gefühle und ihre Tränen kommen. Sie findet ihr Königinnentum wieder, aber auch ihren Schatten. Zum ersten Mal ruft sie selbst und nicht Falada oder die Blutstropfen die Mutter an und erkennt damit ihre Geschichte als ihr Schicksal an. »Das bisher gelebte Leben mit all seinen Schwierigkeiten und erlittenen Verletzungen erscheint nicht mehr als eine Kette von Irrtümern und Niederlagen, sondern als etwas unverwechselbar Eigenes, zu dem man stehen kann.«[7] Der väterliche alte König, eine Gestalt des Weisen Alten, der auch an die Stelle ihres fehlenden Vaters tritt – auch als ein in ihr wirksamer innerer Vater –, hat zugehört und lässt ohne Umschweife königliche Kleider für sie bringen, und damit bestätigt er ihre wahre Identität. Sie ist in seinen Augen, und sie ist es überhaupt, souverän geworden. Zum Schluss geschieht das, was wir von einem Märchen erwarten dürfen: Es wird das Verkehrte geradegerückt, und die Königstochter erhält ihren gebührenden Platz.

Wer sich befreit und lebendig fühlt, wirkt auch auf andere anziehend und schön. Die *Gänsemagd*, die sich auf sich selbst zurückgezogen hatte, hat sich zur *Königstochter* gewandelt, die aus sich herausgeht, sich zuwendet, vor allem nun auch sich dem adäquaten Mann zuwendet, mit dem sie nicht mehr Necken und Abstandhalten spielt wie mit Kürdchen. Hier geht es ihr um eine wirkliche Beziehung. Auch der Königssohn hat sich verändert. Der alte König, die Stimme der Weisheit, die zum Verbündeten der Königstochter wurde, spricht nun auch zu ihm und klärt ihn auf, dass die Beziehung zur bisherigen Braut auf falschen Voraussetzungen beruhte. Das Hervortreten der wirklichen Königin, die er zuvor nicht wahrgenommen hatte, ihre Schönheit und Herzensgüte, machen ihn froh. Ärgern wir uns nicht, dass er bisher so passiv geblieben ist, die Erzählweise des Märchens selbst versetzt ihn an eine Stelle, an der er »nur« als künftiger Partner wirkt, wobei seine Person und sein Gefühl nicht weiter ausgemalt werden.

Die beiden Frauen dagegen, die rechtmäßige und die angemaßte Königin, sitzen sich zunächst noch an der königlichen Tafel gegenüber, bis der König der angemaßten ein Rätsel aufgibt, das deren ganze Geschichte enthält. Die mögliche Strafe für ihren Betrug, den sich die angemaßte selber ausdenkt, vielleicht um möglichst streng und gerecht zu erscheinen, ereilt sie dann schließlich selbst. Deren Grausamkeit ist für uns indiskutabel. Sinnvoller ist hier die Erkenntnis: Wenn diese beiden Frauen füreinander wie Schattenschwestern sind, dann hat die Begegnung mit der Kammerfrau für die Königstochter auch positiv etwas zu bedeuten: Mit einem Zu-Tode-Rollen ist das Problem, das die neidische Kammerjungfer darstellt, ja nicht gelöst und nicht zu lösen. Das, was die neidische Kammerjungfer der Königstochter an Selbstwirksamkeit und Durchsetzungsvermögen voraus hat, soll nicht verdammt und aufgelöst, sondern von ihr integriert werden, damit sie wirklich souverän werden kann.

Auch im Umgang mit den Neiderinnen, die uns im realen Leben begegnen, fahren wir besser, wenn wir sie nicht wegstoßen und verurteilend »durch den Wolf drehen«, sondern uns fragen, was sie uns zu sagen haben, ob sie vielleicht etwas aufzeigen, das uns fehlt – so sehr fehlt, dass uns die Abgrenzung davon nicht gelingt. Hier muss vielmehr etwas selbst angeeignet und integriert werden. Heilend im Umgang mit Neid und Beneidetwerden ist oft auch die Fähigkeit, das, was den Neid erregt, miteinander zu teilen, die Neiderin daran teilhaben zu lassen – z. B. gemeinsam aus goldenen Bechern zu trinken (falls man sie hat!), statt sich bedienen zu lassen. Wichtig dabei ist, auch die Stärken der Neiderin wahrzunehmen und etwas von ihr zu lernen.

Einäuglein, Zweiäuglein, Dreiäuglein

Es war eine Frau, die hatte drei Töchter, davon hieß die älteste Einäuglein, weil sie nur ein einziges Auge mitten auf der Stirn hatte, und die mittlere Zweiäuglein, weil sie zwei Augen hatte, wie andere Menschen. Und die jüngste Dreiäuglein, weil sie drei Augen hatte, und das dritte stand bei ihr gleichfalls mitten auf der Stirne. Darum aber, dass Zweiäuglein nicht anders aussah als andere Menschenkinder, konnten es die Schwestern und die Mutter nicht leiden. Sie sprachen zu ihm: »Du mit deinen zwei Augen bist nicht besser als das gemeine Volk, du gehörst nicht zu uns.« Sie stießen es herum und warfen ihm schlechte Kleider hin und gaben ihm nicht mehr zu essen, als was sie übrig ließen, und taten ihm Herzeleid an, wo sie nur konnten.

Es trug sich zu, dass Zweiäuglein hinaus ins Feld gehen und die Ziege hüten musste, aber noch ganz hungrig war, weil ihm seine Schwestern so wenig zu essen gegeben hatten. Da setzte es sich auf einen Rain und fing an zu weinen und so zu weinen, dass zwei Bächlein aus seinen Augen herabflossen. Und wie es in seinem Jammer einmal aufblickte, da stand eine Frau neben ihm, die fragte: »Zweiäuglein, was weinst du?« Zweiäuglein antwortete: »Soll ich nicht weinen? Weil ich zwei Augen habe wie andre Menschen, können mich meine Schwestern und meine Mutter nicht leiden, stoßen mich aus einer Ecke in die andere, werfen mir alte Kleider hin und geben mir nichts zu essen, als was sie übrig lassen. Heute haben sie mir so wenig gegeben, dass ich noch ganz hungrig bin.« Sprach die weise Frau: »Zweiäuglein, trockne dir dein Angesicht, ich will dir etwas sagen, dass du nicht mehr hungern sollst. Sprich nur zu deiner Ziege:

›Zicklein, meck,
Tischlein, deck‹,

so wird ein sauber gedecktes Tischlein vor dir stehen und das schönste Essen darauf, dass du essen kannst, so viel du Lust hast. Und wenn du satt bist und das Tischlein nicht mehr brauchst, so sprich nur:

›Zicklein, meck,
Tischlein, weg‹,

so wird's vor deinen Augen wieder verschwinden.« Darauf ging die weise Frau fort. Zweiäuglein aber dachte: Ich muss gleich einmal versuchen, ob es wahr ist, was sie gesagt hat, denn mich hungert gar zu sehr, und sprach:

»Zicklein, meck,
Tischlein, deck«,

und kaum hatte sie die Worte ausgesprochen, so stand da ein Tischlein mit einem weißen Tüchlein gedeckt, darauf ein Teller mit Messer und Gabel und silbernem Löffel, die schönsten Speisen standen rundherum, rauchten und waren noch warm, als wären sie eben aus der Küche gekommen. Da sagte Zweiäuglein das kürzeste Gebet her, das es wusste: »Herr Gott, sei unser Gast zu aller Zeit, Amen«, langte zu und ließ sich's wohl schmecken. Und als es satt war, sprach es, wie die weise Frau gelehrt hatte:

»Zicklein, meck,
Tischlein, weg.«

Alsbald war das Tischchen und alles, was darauf stand, wieder verschwunden. Das ist ein schöner Haushalt, dachte Zweiäuglein und war ganz vergnügt und guter Dinge.

Abends, als es mit seiner Ziege heimkam, fand es ein irdenes Schüsselchen mit Essen, das ihm die Schwestern hingestellt hatten, aber es rührte nichts an. Am andern Tag zog es mit seiner Ziege wieder hinaus und ließ die paar Brocken, die ihm gereicht wurden, liegen. Das erste Mal und das zweite Mal beachteten es die Schwestern gar nicht, wie es aber jedes Mal geschah, merkten sie auf und sprachen: »Es ist nicht richtig mit dem Zweiäuglein, das lässt jedes Mal das Essen stehen und hat doch sonst alles aufgezehrt, was ihm gereicht wurde. Das muss andere Wege gefunden haben.« Damit sie aber hinter die Wahrheit kämen, sollte Einäuglein mitgehen, wenn Zweiäuglein die Ziege auf die Weide trieb, und sollte achten, was es da vorhätte und ob ihm jemand etwa Essen und Trinken brächte.

Als nun Zweiäuglein sich wieder aufmachte, trat Einäuglein zu ihm und sprach: »Ich will mit ins Feld und sehen, dass die Ziege auch recht gehütet und ins Futter getrieben wird.« Aber Zweiäuglein merkte, was Einäuglein im Sinne hatte, und trieb die Ziege hinaus in hohes Gras und sprach: »Komm, Einäuglein, wir wollen uns hinsetzen, ich will dir was vorsingen.« Einäuglein setzte sich hin und war von dem ungewohnten Weg und von der Sonnenhitze müde und Zweiäuglein sang immer:

»Einäuglein, wachst du?
Einäuglein, schläfst du?«

Da tat Einäuglein das eine Auge zu und schlief ein. Und als Zweiäuglein sah, dass Einäuglein fest schlief und nichts verraten konnte, sprach es:

»Zicklein, meck,
Tischlein, deck«,

und setzte sich an sein Tischlein und aß und trank, bis es satt war, dann rief es wieder:

»Zicklein, meck,
Tischlein, weg«,

und alles war augenblicklich verschwunden. Zweiäuglein weckte nun Einäuglein und sprach: »Einäuglein, du willst hüten und schläfst dabei ein, derweil hätte die Ziege in alle Welt laufen können. Komm, wir wollen nach Haus gehen.« Da gingen sie nach Haus, und Zweiäuglein ließ wieder sein Schüsselchen unangerührt stehen, und Einäuglein konnte der Mutter nicht verraten, warum es nicht essen wollte, und sagte zu seiner Entschuldigung: »Ich war draußen eingeschlafen.«

Am andern Tag sprach die Mutter zu Dreiäuglein: »Diesmal sollst du mitgehen und Acht haben, ob Zweiäuglein draußen isst und ob ihm jemand Essen und Trinken bringt, denn essen und trinken muss es heimlich.« Da trat Dreiäuglein zum Zweiäuglein und sprach: »Ich will mitgehen und sehen, ob auch die Ziege recht gehütet und ins Futter getrieben wird.« Aber Zweiäuglein merkte, was Dreiäuglein im Sinne hatte, und trieb die Ziege hinaus ins hohe Gras und sprach: »Wir wollen uns dahin setzen, Dreiäuglein, ich will dir was vorsingen.« Dreiäuglein setzte sich und war müde von dem Weg und der Sonnenhitze und Zweiäuglein hub wieder das vorige Liedlein an und sang:

»Dreiäuglein, wachst du?«

Aber statt dass es nun singen musste:

»Dreiäuglein, schläfst du?«,

sang es aus Unbedachtsamkeit:

»Zweiäuglein, schläfst du?«,

und sang immer:

»Dreiäuglein, wachst du?
Zweiäuglein, schläfst du?«

Da fielen dem Dreiäuglein seine zwei Augen zu und schliefen, aber das dritte, weil es von dem Sprüchlein nicht angeredet war, schlief nicht ein. Zwar tat es Dreiäuglein zu, aber nur aus List, gleich als schlief es auch damit; doch blinzelte es und konnte alles gar wohl sehen. Und als Zweiäuglein meinte, Dreiäuglein schliefe fest, sagte es sein Sprüchlein:

»Zicklein, meck,
Tischlein, deck«,

aß und trank nach Herzenslust und hieß dann das Tischlein wieder fortgehen:

»Zicklein, meck,
Tischlein, weg«,

und Dreiäuglein hatte alles mit angesehen. Da kam Zweiäuglein zu ihm, weckte es und sprach: »Ei, Dreiäuglein, bist du eingeschlafen? Du kannst gut hüten! Komm, wir wollen heimgehen.« Und als sie nach Haus kamen, aß Zweiäuglein wieder nicht und Dreiäuglein sprach zur Mutter: »Ich weiß nun, warum das hochmütige Ding nicht isst, wenn sie draußen zur Ziege spricht:

›Zicklein, meck,
Tischlein, deck‹,

so steht ein Tischlein vor ihr, das ist mit dem besten Essen besetzt, viel besser, als wir's hier haben; und wenn sie satt ist, so spricht sie:

›Zicklein, meck,
Tischlein, weg‹,

und alles ist wieder verschwunden; ich habe alles genau mit angesehen. Zwei Augen hatte sie mir mit einem Sprüchlein eingeschläfert, aber das eine auf der Stirne, das war zum Glück wach geblieben.« Da rief die neidische Mutter: »Willst du's besser haben als wir? Die Lust soll dir vergehen!« Sie holte ein Schlachtmesser und stieß es der Ziege ins Herz, dass sie tot hinfiel.

Als Zweiäuglein das sah, ging es voll Trauer hinaus, setzte sich auf den Feldrain und weinte seine bitteren Tränen. Da stand auf einmal die weise Frau wieder neben ihm und sprach: »Zweiäuglein, was weinst du?« »Soll ich nicht weinen!«, antwortete es. »Die Ziege, die mir jeden Tag, wenn ich Euer Sprüchlein hersagte, den Tisch so schön deckte, ist von meiner Mutter totgestochen; nun muss ich wieder Hunger und Kummer leiden.« Die weise Frau sprach: »Zweiäuglein, ich will dir einen guten Rat erteilen, bitt deine Schwestern, dass sie dir das Eingeweide von der geschlachteten Ziege geben, und vergrab es vor der Haustür in die Erde, so wird's dein Glück sein.« Da verschwand sie und Zweiäuglein ging heim und sprach zu den Schwestern: »Liebe Schwestern, gebt mir doch etwas von meiner Ziege, ich verlange nichts Gutes, gebt mir nur das Eingeweide.« Da lachten sie und sprachen: »Kannst du haben, wenn du weiter nichts willst.« Und Zweiäuglein nahm das Eingeweide und vergrub's abends in aller Stille nach dem Rate der weisen Frau vor der Haustüre.

Am andern Morgen, als sie insgesamt erwachten und vor die Haustüre traten, so stand da ein wunderbarer prächtiger Baum, der hatte Blätter von Silber, und Früchte von Gold hingen dazwischen, dass wohl nichts Schöneres und Köstlicheres auf der weiten Welt war. Sie wussten aber nicht, wie der Baum in der Nacht dahin gekommen war, nur Zweiäuglein merkte, dass er aus den Eingeweiden der Ziege aufgewachsen war, denn er stand gerade da, wo es sie in die Erde begraben hatte. Da sprach die Mutter zu Einäuglein: »Steig hinauf, mein Kind, und brich uns die Früchte von dem Baume ab.« Einäuglein stieg hinauf, aber wie es einen von den goldenen Äpfeln greifen wollte, so fuhr ihm der Zweig aus den Händen. Und das geschah jedes Mal, so dass es keinen einzigen

Apfel brechen konnte, es mochte sich anstellen, wie es wollte. Da sprach die Mutter: »Dreiäuglein, steig du hinauf, du kannst mit deinen drei Augen besser um dich schauen als Einäuglein.« Einäuglein rutschte herunter und Dreiäuglein stieg hinauf. Aber Dreiäuglein war nicht geschickter und mochte schauen, wie es wollte, die goldenen Äpfel wichen immer zurück. Endlich ward die Mutter ungeduldig und stieg selbst hinauf, konnte aber so wenig wie Einäuglein und Dreiäuglein die Frucht fassen und griff immer in die leere Luft. Da sprach Zweiäuglein: »Ich will mich einmal hinaufmachen, vielleicht gelingt mir's eher.« Die Schwestern riefen zwar: »Du mit deinen zwei Augen, was willst du wohl!« Aber Zweiäuglein stieg hinauf und die goldenen Äpfel zogen sich nicht vor ihm zurück, sondern ließen sich von selbst in seine Hand herab, also dass es einen nach dem andern abpflücken konnte und ein ganzes Schürzchen voll mit herunterbrachte. Die Mutter nahm sie ihm ab, und statt dass sie, Einäuglein und Dreiäuglein dafür das arme Zweiäuglein hätten besser behandeln sollen, so wurden sie nur neidisch, dass es allein die Früchte holen konnte, und gingen noch härter mit ihm um.

Es trug sich zu, als sie einmal beisammen an dem Baum standen, dass ein junger Ritter daherkam. »Geschwind, Zweiäuglein«, riefen die zwei Schwestern, »kriech unter, dass wir uns deiner nicht schämen müssen«, und stürzten über das arme Zweiäuglein in aller Eil in ein leeres Fass, das gerade neben dem Baume stand, und schoben die goldenen Äpfel, die es abgebrochen hatte, auch darunter. Als nun der Ritter näher kam, war es ein schöner Herr, der hielt still, bewunderte den prächtigen Baum von Gold und Silber und sprach zu den beiden Schwestern: »Wem gehört dieser schöne Baum? Wer mir einen Zweig davon gäbe, könnte dafür verlangen, was er wollte.« Da antworteten Einäuglein und Dreiäuglein, der Baum gehörte ihnen zu und sie wollten ihm einen Zweig wohl abbrechen. Sie gaben sich auch beide große Mühe, aber sie waren es nicht imstande, denn die Zweige und Früchte wichen jedes Mal vor ihnen zurück. Da sprach der Ritter: »Das ist ja wunderlich, dass der Baum euch zugehört und ihr doch nicht Macht habt etwas davon abzubrechen.« Sie blieben dabei, der Baum wäre ihr Eigentum. Indem sie aber so sprachen, rollte Zweiäuglein unter dem Fasse ein paar goldene Äpfel heraus, so dass sie zu den Füßen des Ritters liefen, denn Zweiäuglein war bös, dass Einäuglein und Dreiäuglein nicht die Wahrheit sagten. Wie der Ritter die Äpfel sah, erstaunte er und fragte, wo sie herkämen. Einäuglein und Dreiäuglein antworteten, sie hätten noch eine Schwester, die dürfte sich aber nicht sehen lassen, weil sie nur zwei Augen hätte, wie andere gemeine Menschen. Der Ritter aber verlangte sie zu sehen und rief: »Zweiäuglein, komm hervor.« Da kam Zweiäuglein ganz getrost unter dem Fass hervor und der Ritter war verwundert über seine große Schönheit und sprach: »Du, Zweiäuglein, kannst mir gewiss einen Zweig von dem Baum abbrechen.« »Ja«, antwortete Zweiäuglein, »das will ich wohl können, denn der Baum gehört mir.« Und stieg hinauf und brach mit leichter Mühe einen Zweig mit feinen silbernen Blättern und goldenen Früchten ab und reichte ihn dem Ritter hin. Da sprach der Ritter: »Zweiäuglein, was soll ich dir dafür geben?« »Ach«, antwortete Zweiäuglein, »ich leide Hunger und Durst, Kummer und Not vom frühen Morgen bis zum späten Abend. Wenn Ihr mich mitnehmen und erlösen wollt, so wäre ich glücklich.« Da hob der Ritter das Zweiäuglein auf sein Pferd und brachte es heim auf sein väterliches Schloss. Dort gab er ihm schöne Kleider, Essen und Trinken nach Herzenslust, und weil er es so lieb hatte, ließ es sich mit ihm einsegnen, und war die Hochzeit in großer Freude gehalten.

Wie nun Zweiäuglein so von dem schönen Rittersmann fortgeführt ward, da beneideten die zwei Schwestern ihm erst recht sein Glück. Der wunderbare Baum bleibt uns doch, dachten sie, können wir auch keine Früchte davon brechen, so wird doch jedermann davor stehen bleiben, zu uns kommen und ihn rühmen: Wer weiß, wo unser Weizen noch blüht! Aber am andern Morgen war der Baum verschwunden und ihre Hoffnung dahin. Und wie Zweiäuglein zu seinem Kämmerlein hinaussah, so stand er zu seiner großen Freude davor und war ihm also nachgefolgt.

Zweiäuglein lebte lange Zeit vergnügt. Einmal kamen zwei arme Frauen zu ihm auf das Schloss und baten um ein Almosen. Da sah ihnen Zweiäuglein ins Gesicht und erkannte ihre Schwestern Einäuglein und Dreiäuglein, die so in Armut geraten waren, dass sie umherziehen und vor den Türen ihr Brot suchen mussten. Zweiäuglein aber hieß sie willkommen und tat ihnen Gutes und pflegte sie, also dass die beiden von Herzen bereuten, was sie ihrer Schwester in der Jugend Böses angetan hatten.

Neid – unser Thema! – wird an drei Stellen dieses Grimm'schen Märchens[8] ausdrücklich geäußert. Zuerst da, als Dreiäuglein sagt: »›Ich weiß nun, warum das hochmütige Ding nicht isst, wenn sie draußen zur Ziege spricht, so steht ein Tischlein vor ihr mit dem besten Essen besetzt, viel besser, als wir's haben.‹ […] Da rief die *neidische* Mutter: ›Willst du's besser haben als wir? Die Lust soll dir vergehen!‹«

Die zweite Stelle, in der Neid angesprochen wird, ist die, als Zweiäuglein, und nur sie, die goldenen Äpfel pflücken kann und ihnen ein ganzes Schürzchen voll herunterbringt, das ihr die Mutter auch noch gleich wegnimmt. Da heißt es: »Und statt dass sie, Einäuglein und Dreiäuglein dafür das arme Zweiäuglein hätten besser behandeln sollen, so wurden sie nur *neidisch*, dass es allein die Früchte holen konnte – und gingen noch härter mit ihm um.«

Endgültig bricht der Neid aus, als nun Zweiäuglein so von dem schönen Rittersmann fortgeführt ward, »da *beneideten* die zwei Schwestern ihm erst recht sein Glück«.

An diesen drei Stellen wird ausdrücklich von *Neid* gesprochen. Einmal geht es um das bessere Essen für Zweiäuglein, um ein Umsorgtsein aus unbekannten Quellen, die sie unabhängig machen, was den Neid von Mutter und Schwestern erregt. Dann geht es um eine Fähigkeit, goldene Äpfel zu pflücken, die nur ihr gegeben ist und die den Schwestern und der Mutter fehlt. Schließlich geht es um Beziehungsfähigkeit, die den Ritter herbeilockt, der sich in Zweiäuglein und in keine andere verliebt; es geht um die Fähigkeit, Liebe und Glück zu erfahren.

Dürfen wir von daher nicht auch daraus schließen, dass Neid von Anfang an eine Ursache für die Ablehnung Zweiäugleins in ihrer Familie war? Worauf aber können Mutter und Schwestern von Anfang an neidisch gewesen sein? Es kann nur dies sein: dass Zweiäuglein eben zwei Augen hat wie ein gewöhnlicher Mensch, dass sie plastisch sehen kann. Es geht um Neid auf ihr Normalsein!

Denn die beiden anderen Schwestern, die die Mutter akzeptiert, sind eben nicht normal: Dreiäuglein hat – wenn man so sagen darf – »einen Zacken zu viel«, ein drittes Auge, ein Stirnauge, das ja manchmal als ein spirituelles Auge gilt. Da sich Dreiäuglein aber überhaupt nicht als spirituell erweist, kann es sich hier nur um ein überkanditeltes Auge handeln, eben um einen »Zacken zu viel«.

Einäuglein dagegen hat einen »Zacken« zu wenig. Ihr fehlt die Fähigkeit, plastisch zu sehen. Sie sieht nur eindimensional, wie ein Zyklop, wie Polyphem, um an die einäugigen Gestalten aus der griechischen Mythologie zu erinnern.

Die Sorgenkinder sind in manchen Familien dennoch die Lieblingskinder, sind jedenfalls diejenigen, die die meiste Zuwendung bekommen. Die normalen Geschwister fühlen sich da oft unbeachtet, stehen im Schatten. Es kann sich z. B. um eine Familie mit einem hochbegabten und einem lernbehinderten Kind handeln. Das normale bekäme auch da am wenigsten Aufmerksamkeit. Auch die Geschwister eines körperlich behinderten Kindes können sich – wie ich aus manchen Lebensgeschichten weiß – eher von den Eltern zurückgesetzt und zu früh für die Betreuung des Behinderten eingespannt erfahren.

Es handelt sich hier im Märchen aber gar nicht um eine normale Familie, sondern um eine, der so manches fehlt, vor allem auch der Vater fehlt – warum auch immer. Das männliche Element fehlt ganz, taucht erst am Schluss auf, als der um Zweiäuglein werbende Ritter erscheint.

Die Mutter macht aus der Not eine Tugend und sieht in ihren nicht normalen Töchtern etwas ganz Besonderes. In dieser Familie gilt als etwas Besonderes, was andere nicht haben. Des Normalen schämt man sich direkt, wie wir zuletzt daran sehen, als die Schwestern Zweiäuglein vor dem Ritter unter einem Fass verbergen. Im Grunde wissen sie natürlich auch da, dass die Normale letztlich attraktiver ist. Sie geben es sich aber nicht zu.

Der Hintergrund des Ganzen ist uneingestandener Neid auf das Normale, so seltsam sich das auch anhört. Das gibt es in Familien, in denen kaum einer noch normal ist. Zugegeben wird es nicht von Mutter und Schwestern, aber die Normale wird ausgegrenzt und wird von den anderen als bedrohlich, weil attraktiver, empfunden. Die Tatsache, dass sie da ist, bedeutet ja, dass man selbst auch normal sein kann und könnte.

Mutter und Geschwister lehnen die normale Schwester einfach ab. Sie hat etwas, das sie nicht haben, etwas, das sie mit allen anderen Menschen teilt, verbindet, das sie also auch kommunikationsfähig macht, was die anderen nicht sind. Sie können ihre Einäugigkeit und Dreiäugigkeit mit niemandem teilen, niemand hat das und kennt das, nur mit ihrer zickigen Mutter können sie es teilen, die stolz ist auf die Dreiäugige und sie offenbar als besonders klug behandelt und einsetzt, und auch auf die Einäugige, mit der sie sich verbunden fühlt. Vielleicht besteht auch eine besondere Symbiose zwischen der Einäugigen und der Mutter, die mir jedenfalls psychisch im übertragenen Sinne selber »einäugig« zu sein scheint. Sie schickt immer die Einäugige zuerst dorthin, wo es etwas zu holen gilt.

Der Zweiäugigen wiederum ist die Zuwendung der Mutter und auch die der Schwestern vollständig versagt. Gravierende Beispiele dafür sind, dass man ihr nicht einmal genug Essen und angemessene Kleidung zugesteht. Dass man sie also äußerlich wie innerlich nicht gut behandelt, nicht gut ernährt, sie nicht achtet und sie vor allem nicht schön sein lässt.

Was soll und kann nun aus dieser Konstellation für Zweiäuglein werden? Gibt es da überhaupt etwas, das über diese unglückliche Ausgangslage hinausführen kann?

Zunächst ist da eine Ziege. Die Familie hat eine Ziege! Ein Tier, das Milch gibt, aus dem man Käse machen kann, das zuletzt auch zum Schlachten gut ist. Eine Ziege ist zunächst einmal bockig, lustig, äußerst genügsam, neugierig, muss also gehütet werden. Und dieses Hüten ist Zweiäuglein aufgetragen. Ob diese Ziege zugleich ein Symbol sein kann für das Zickige, das dieser Familie eigen ist und dessen man sich annehmen muss? Diesem Zickigen, diesem Besonderen, das in dieser Familie das Einzige ist, das etwas gilt, will sie dennoch etwas abgewinnen, muss sie sich doch selbst um ihre Ernährung kümmern und zu einer gewissen Selbstachtung und zu Selbstvertrauen kommen! Und sie, die hier als normale Frau erscheint, muss selbst zu der Besonderen werden. Muss sie zu sich stehen lernen?

Dazu gehört zunächst einmal, dass sie sich ihrer Lage bewusst wird, sich ihren Kummer eingesteht und merkt, was ihr fehlt. Als sie wieder einmal, wie schon so oft, mit der Ziege auszieht, obgleich sie noch hungrig ist und deshalb auch herzzerreißend weint, da begegnet ihr eine unbekannte Frau, deren Wärme und Zugewandtheit – »Zweiäuglein, warum weinst du?« – sofort ihr Vertrauen gewinnt, so dass sie ihr ihren ganzen Kummer anvertraut.

Die Frau, sie ist eine der Weisen Frauen der Märchen, die das Sorgend-Mütterliche verkörpert, das hier fehlte, weiß Rat: Sie verrät ihr ein Zaubersprüchlein an die Ziege:

»Zicklein meck,
Tischlein deck!«,

und gibt ihr damit die Möglichkeit, sich die besten Speisen servieren zu lassen, immer wenn sie die Ziege mit diesem Sprüchlein ruft. Sie kann auch alles wieder abservieren und verschwinden lassen mit dem Gegensprüchlein:

»Zicklein meck,
Tischlein weg.«

Die Weise Frau ist auch hier wieder eine Symbolgestalt für die gütige Seite der Lebensmutter, des Lebens selbst, die sich ihr zuwendet und sich auch in ihrem Inneren zu erkennen gibt. Es ist »echt Märchen«, dass so etwas möglich wird. Im Märchen fragt man nicht, ob ein solches Tischlein-deck-dich möglich ist oder nicht, es geschieht einfach. Dem vernachlässigten Mädchen geschieht Gerechtigkeit und sie erfährt reichliche Zuwendung, auch im Hinblick auf ihre oralen und körperlichen Bedürfnisse. Wir dürfen auch hinter diesem Geschehen eine alte magische Vorstellung vermuten und uns an die göttliche Ziege der germanischen Mythologie erinnern, Heidrun genannt, die selbst noch die Toten mit ihrer Milch zu ernähren vermag. Oder wir denken an Amaltheia, die göttliche Ziege der Griechen. Oft haben Märchen und Märchenfiguren, auch Tiere, eine tiefe mythologisch-frühgeschichtliche Hintergrundsymbolik.

Tiefenpsychologisch dürfen wir natürlich fragen, ob das Auftauchen der Weisen Frau, sei es in einem Traum, einer Phantasie oder als Sehnsucht ihrer Seele, nicht anzeigt, dass hier etwas tiefer Annehmendes und Nährendes in ihrer Seele erscheint, so dass sie sich gleichsam selber Mutter wird und sich die köstlichsten Speisen imaginierend herbeiholt – vielleicht auch dadurch, dass sie auf die Idee kommt, ab und zu für sich selber etwas aus dem Euter der Ziege zu melken.

Während sie imaginiert, entdeckt sie jedenfalls in der Anderswelt ihrer Seele etwas, das sie bejaht, etwas, das sie nährt: Eine Selbstbejahung wird ihr möglich. Psychologisch sprechen wir vom »Mutterarchetyp«, der sich in der symbolischen Gestalt der Weisen Frau und in der Ziege für sie konstelliert.

Mutter und Schwestern merken nur, dass Zweiäuglein auf das armselige Mahl, das sie ihr gönnen, von nun an auch noch verzichtet. Sie ahnen, dass sie sich an einer anderen Quelle ernährt, und schon wird ihr Neid wieder wach! Sollte Zweiäuglein auf einmal gar nicht mehr wie bisher auf Mutter und Schwestern angewiesen sein? Sollte sie gar nicht mehr so abhängig von ihnen sein? Schon ist die Eifersucht auf die unbekannte Quelle wieder wach. Sollte der Normalen noch etwas anderes als ihnen zur Verfügung stehen, etwa Imagination und eine innere Beziehung zu der Weisen Frau in ihr selbst? Das nämlich ist jedem Menschen möglich, wenn er es zulässt. Aber davon wissen die beiden Schwestern und diese Mutter nichts.

Doch meinen sie, ihr nachspionieren zu müssen. Irgendwie muss es ihrer Ansicht nach ja mit der Ziege und der Zeit, die sie mit der Ziege verbringt, zusammenhängen, dass es ihr plötzlich so viel besser geht. Einäuglein wird von der Mutter als Erste ausgeschickt und beauftragt. Sie soll offiziell kontrollieren, ob Zweiäuglein die Ziege auch richtig weidet. Wie demütigend für Zweiäuglein! Vor allem aber soll Einäuglein der Quelle nachspüren, von der Zweiäuglein sich heimlich ernährt.

Zweiäuglein aber sieht dem Treiben von nun an nicht mehr nur passiv-erleidend zu. Sie beginnt das Manöver zu durchschauen. Sie hat sich jetzt selbst eine List ausgedacht, ein Sprüchlein, damit die Schwester, die müde vom langen Weg auf die Weide ist, sich ihrem Schlaflied überlässt:

»Einäuglein, wachst du?
Einäuglein, schläfst du?«

Auch hier geschieht eine magische Wirkung, und Einäuglein schläft tatsächlich ein. Als die Schwester schläft, kann Zweiäuglein durch Anrufung der Ziege sich wieder den Tisch decken lassen.

»Zicklein meck,
Tischlein deck.«

Erst als das Tischlein wieder verschwunden ist, weckt Zweiäuglein das verdatterte Einäuglein auf, kann sich nun eine kleine Bosheit nicht verbeißen, eine kleine Gegenaggression, wenn sie ihm sagt:

»Einäuglein, du willst hüten und schläfst dabei ein,
derweil hätte die Ziege in alle Welt laufen können!«

Zweiäuglein ist mutiger geworden durch den Kontakt mit der Weisen Frau in ihr selber und mit der Ziege, sie fühlt sich von innen her beschützt, betreut und genährt.

Da Einäuglein zugeben muss, eingeschlafen zu sein und nichts bemerkt zu haben, schickt nun die Mutter – missgünstig wie sie bleibt – das umsichtigere Dreiäuglein los, um herauszufinden, wer Zweiäuglein Nahrung gibt. Noch deutlicher tritt ihre Missgunst zutage, wenn sie über Zweiäuglein sagt: »... denn essen und trinken muss es heimlich.« Zweiäuglein entzieht sich ihrer Macht, das macht die Mutter böswillig.

Wie seltsam, dass Zweiäuglein ausgerechnet hier unachtsam ist, wenn sie singt:

»Dreiäuglein wachst du,
Zweiäuglein schläfst du?«

Sie bewirkt damit, dass das dritte Auge Dreiäugleins offen bleibt, auch wenn sie sich schlafend stellt, und dass sie die Magie mit der Ziege beobachtet.

Warum ist Zweiäuglein dieses Missgeschick passiert? Ist ihr das passiert, was wir psychologisch eine »unbewusste Fehlleistung« nennen, die uns immer wieder dann geschieht, wenn sich endlich etwas Befreiendes ereignen muss, und sähe es auch zunächst wie eine Katastrophe aus?

Um etwas Befreiendes in dieser erstickenden Neidkonstellation geht es, aber zunächst wirkt das, was passiert, wie ein schreckliches Unglück für Zweiäuglein. Als die neidische Mutter von dem Speisegeheimnis durch die Ziege hört, schreit sie auf: »Willst du's besser haben als wir? Die Lust soll dir vergehen!« – und sie tötet die Ziege.

Auch dies ist typische Neiddynamik: Lieber sich selber schaden, lieber sich selber etwas wegnehmen – die Ziege gab doch der ganzen Familie Milch! –, als einem anderen etwas Besonderes gönnen, was diese Ziege zu schenken vermag. Letztlich und in Wirklichkeit war es ja der Segen der Weisen Frau, ihrer inneren Weisen Frau, wovon Zweiäuglein sich seit der Begegnung mit ihr ernährte.

Diese innere Frau Weisheit, zu der vor allem in höchster Not Kontakt entsteht, hilft ihr auch dieses Mal weiter, weiß Rat: »Bitt deine Schwestern, dass sie dir das Eingeweide von der geschlachteten Ziege geben, und vergrab es vor der Haustür in die Erde!«

Die Schwestern überlassen ihr die Innereien, herablassend-verachtungsvoll: »Wenn du nichts weiter willst ...« Sie erinnern sich nicht, dass seit jeher in den Innereien der Lebewesen der Sitz ihrer Lebendigkeit geglaubt wurde. Für die Griechen saß auch die Seele der Menschen in den Gedärmen, noch für uns ist sie im Herzen.

Das Innerste ihrer Verbindung mit der nährenden Ziege soll also bewahrt werden. Zweiäuglein pflanzt die Innereien ein, vergräbt sie auf Geheiß der Weisen Frau vor dem Haus der Familie. Es geht also noch einmal die ganze Familie an, was hier geschieht! Es geht um die Essenz der Ziege!

Am nächsten Morgen ist an dieser Stelle ein überaus kostbarer Baum gewachsen, mit silbernen Blättern und goldenen Früchten. Silber wird oft als weibliche Qualität verstanden, Gold mehr als männliche – beide verbinden sich hier. Gold bedeutet auch hier, wie immer, dass diese Früchte Goldes Wert sind, von höchstem Wert.

Der Baum ist der verwandelte Wesenskern der Ziege, wie wir sehen. Er zeigt eine Verwandlung und Entwicklung an. Es geht nicht mehr nur wie bei dem ursprünglichen Kontakt mit der Ziege um ein reichliches Ernährtwerden und Sattwerden. Diese orale Form allein konnte und durfte nicht bleiben. Es geht nun um etwas daraus Erwachsenes, das goldene Früchte trägt. Gut ernährt, angenommen, kann Zweiäuglein sich weiterentwickeln.

Die silbernen Blätter erinnern übrigens an Augen. Es geht in diesem Märchen überhaupt um Sehen und Gesehenwerden. Silber als das weiblich symbolisierte Edelmetall zeigt zugleich, dass es um Sehen und Gesehenwerden im weiblichen Bereich geht – oder auch um ein weiblich geprägtes Sehen. Wir erinnern uns an die schlechten Kleider, die man ihr anfangs zuweist, jetzt zeigt sie sich in weiblichem Glanz.

Die Symbolgestalt des Baumes wirkt wie ein Gleichnis für sie als erwachsene Frau in einer wunderschönen Gestalt. Der Baum sagt etwas über ihre weibliche Entwicklung und Schönheit aus, über das, was fruchtbar geworden ist. Seine Gestalt basiert auf dem Gesehenwerden durch die Weise Frau und dem Genährtwerden durch die Ziege bzw. durch das von der Ziege vermittelte Tischlein-deck-dich. Dieser Baum ist ihr Baum, gehört ihr allein, stellt sie allein dar.

Dass dieser Baum ihr Baum ist, zeigt sich darin, dass nur sie selbst dessen Früchte abpflücken kann. Sowohl Einäuglein, die

die Mutter »mein Kind« nennt und auch sofort losschickt, wie auch Dreiäuglein, der sie mehr Umsicht zutraut, wie auch der Mutter selbst entziehen sie sich. Die Entwicklung der Mutter und der Geschwister ist bis dahin nicht fruchtbar geworden. Es wird sichtbar, dass nur Zweiäuglein Früchte hervorgebracht hat. Ihr liegen sie in den Händen und sie bringt eine ganze Schürze voll mit herunter, als sie zuletzt selbst den Baum besteigt. Da setzt der Neid dann erst recht ein. Sie hat etwas, das weder Mutter noch die Schwestern haben: eine normale Entwicklung zur Frau. Dafür steht symbolisch dieser Baum! So lockt er schließlich auch den Ritter an: einen noblen Mann, der sich ansprechen und berühren lässt durch diesen Baum. Auch der Ritter erbittet sich einen Zweig, also einen Anteil an diesem Baum, und ist so fasziniert von ihm, dass er für das Überlassen dieses Baumes zu geben verspricht, was immer man wolle. Das ist viel!

Schon als er näher kommt, haben die neidischen Schwestern ihre normale Schwester unter einem Fass verschwinden lassen, samt den Äpfeln, die sie vom Baum gepflückt hat. Der Neid erlaubt es ihnen nicht, ihr die Chance zu geben, diesem Mann auch nur zu begegnen. Der Neid erlaubt es ihnen nicht zuzugeben, dass dieser Baum ihr gehört, sie versuchen, ihn sich anzueignen, ihn als den ihren auszugeben. Keine aber vermag ihm auch nur einen einzigen Zweig abzubrechen, so dass der Ritter schließlich zu dem verwunderten Urteil kommt: »Das ist ja wunderlich, dass der Baum euch zugehört und ihr doch nicht die Macht habt, etwas davon abzubrechen.« Als die Schwestern auch da noch darauf bestehen, der Baum wäre ihr Eigentum, kann Zweiäuglein, verborgen im Fass, nicht mehr an sich halten. Sie lässt die Äpfel hervorrollen, die sie selbst ja gepflückt hat, so dass sie zu Füßen des Ritters landen. Zweiäuglein kann nicht länger passiv bleiben, auch nicht länger gutmütig, so sagt das Märchen hier: »Zweiäuglein war bös, dass Einäuglein und Dreiäuglein nicht die Wahrheit sagten.«

Der Ritter fragt, woher die Äpfel kämen, und da müssen sie zugeben, dass sie noch eine Schwester haben, »die dürfte sich aber nicht sehen lassen, weil sie nur zwei Augen hätte, wie andere gemeine Menschen«. Dieser Grund, dieser Familienmaßstab, dass nur das Unnormale zählt, kann dem Ritter nicht imponieren, der selbst zwei Augen hat. Selbst damit rechnen die verstiegenen Schwestern und die Mutter gar nicht mehr. Doch er will die normale Schwester sehen, da sie ihm womöglich gerade durch ihre Zweiäugigkeit ebenbürtig ist. »Da kam Zweiäuglein ganz getrost unter dem Fass hervor, und der Ritter war verwundert über seine große Schönheit.« Jetzt nimmt sie jemand wahr. »Weil Du mich anblickst, werd' ich schön«, weiß auch die chilenische Dichterin Gabriela Mistral in einem Liebesgedicht zu sagen. So ist es immer, wo sich Begegnung ereignet: Da wird die Schönheit des anderen sichtbar.

Von ihr erbittet der Ritter sich jetzt einen Zweig: »›Ja‹, antwortete Zweiäuglein, ›das will ich wohl können, denn der Baum gehört mir‹«, und holt ohne Mühe einen Zweig für den Ritter herunter. »Zweiäuglein, was soll ich dir dafür geben?«, fragt der Ritter. Nun kann sie ihre Not mit der Familie nicht länger verschleiern und bittet vielmehr, geradezu kühn: »Wenn Ihr mich mitnehmen und erlösen wollt, so wäre ich glücklich.«

»Erlösen« ist ein großes Wort. Die Märchen meinen damit aber immer, dass es um das Erlösen von einem Bann geht, der meist von Kindheit an – durch eine Projektion der Eltern oder Geschwister, die auf dieses Kind geworfen wurde – zu einem autonomen Komplex geworden ist. Hier ist es die Projektion, dass die normale Zweiäugigkeit, die diesem Kind gegeben ist, »gewöhnlich« sei im Sinne von banal und gemein.

Der Ritter gibt ihr alles, was sie entbehrt hat, was der Neid von Mutter und Schwestern ihr vorenthalten hat: also Essen und Trinken, angemessene Kleider und vor allem Liebe. Hier findet sie auch das, was sie deshalb entbehrt hat, weil der Vater fehlte:

die Liebe eines Mannes, Achtung, Schutz, Selbstachtung als Frau, letztlich Souveränität. Kann eine solche Liebe wohl die Wunden, die ihr der Neid von Kindheit an geschlagen hat, noch einmal schließen?

Die Bezogenheit eines Menschen, eines Mannes, findet sie hier: Gunst statt Neid, Wohlwollen, mehr noch: echte Liebe. Solche Liebe hat gewiss heilende Kraft, auch für frühe Wunden. Doch der Neid der Schwestern bricht erst recht auf: »Da beneideten die zwei Schwestern ihm erst recht sein Glück.« Was war der Neid auf bessere Nahrung, die sie bei der Ziege hatte, gegen den Neid auf eine Liebe, einen Ritter als Geliebten und künftigen Ehemann!

Nun stürzen sie sich in ihrer Frustration auf den kostbaren Baum, den sie sich noch einmal anzueignen versuchen, in der Meinung, wenigstens ihn behalten zu dürfen, wenigstens er würde die Bewunderung der Leute auf sich ziehen: »Der wunderbare Baum bleibt uns doch«, so meinen sie und stellen sich vor, dass Menschen um dieses Baumes willen stehen bleiben und sie bewundern würden. Ihr höchster Wert ist ja nach wie vor das Besondere, das Nicht-Normale! Am anderen Morgen aber ist der Baum verschwunden, er ist Zweiäuglein an deren neuen Wohnort nachgefolgt, da er ja Ausdruck ihrer Wesensgestalt ist, die nur dort sichtbar werden kann, wo sie innerlich hingehört.

Was dieses Märchen vor anderen auszeichnet, ist sein Schluss. Da geht es um eine echte Überwindung des Neides: Als die beiden arm gewordenen Schwestern zu ihr kommen – schon wegen ihres Neidens waren sie ja schon von Anfang an arm –, da erkennt ihre Schwester sie sofort, auch in ihrer verarmten Gestalt, und heißt sie fraglos willkommen. Sie pflegt sie sogar, wie es im Märchen heißt, denn offenbar brauchen sie Pflege, so dass den beiden schließlich von Herzen leidtut, was sie ihrer Schwester in der Jugend angetan hatten. Das ist nicht selbstverständlich, sie könnten sich in ihrem Neid endgültig verbissen und verhärtet haben, der auch gerade über der Großmut ihrer Schwester erneut hätte entbrennen können.

Doch hier kommt es zu einer wirklichen Lösung: Durch Teilhaben am Wohlergehen des Beneideten kann der Neid im Neider überwunden werden. Durch Teilgeben am Wohlergehen, durch wirkliche Gunst, kann der Neid am tiefsten überwunden werden, auch im Beneideten selbst, dem er Wunden geschlagen hat.

Hier ist es mehr als ein Gönnen, das die beneidete Schwester den ehemaligen Neiderinnen entgegenträgt, es ist ein Willkommen, es ist die Freude, in ihnen endlich Schwestern gefunden zu haben.

Zottelhaube

Es waren einmal ein König und eine Königin, die bekamen keine Kinder, und darüber war die Königin so betrübt, dass sie kaum jemals eine frohe Stunde hatte. Beständig klagte sie, dass es so einsam und still im Schloss sei: »Wenn wir nur Kinder hätten, so gäbe es Leben genug da.« Wo sie in ihrem ganzen Reich hinkam, da fand sie Kindersegen, sogar in der armseligsten Hütte; wo sie hinkam, da hörte sie die Hausfrau auf die Kinder schelten, sie hätten wieder das oder jenes angestellt; das fand die Königin vergnüglich und wollte es auch so haben. Zuletzt nahmen der König und die Königin ein fremdes kleines Mädchen zu sich; das wollten sie im Schloss bei sich haben und aufziehen und es zanken wie ihr eigenes Kind.

Eines Tages sprang das kleine Fräulein, das sie angenommen hatten, unten im Hof vor dem Schloss herum und spielte mit einem goldenen Apfel. Da kam eine arme Frau des Wegs; sie hatte auch ein kleines Mädchen bei sich, und es dauerte nicht lange, da waren das Mädchen und das kleine Fräulein gute Freunde und fingen an, zusammen zu spielen und sich den goldenen Apfel zuzuwerfen. Das sah die Königin, die oben im Schloss am Fenster saß; da klopfte sie ans Fenster, dass ihr Pflegetöchterchen heraufkommen sollte. Sie kam auch, aber das Bettelmädchen blieb dabei, und als sie in den Saal zur Königin kamen, hielten sie einander bei der Hand. Die Königin schalt auf das kleine Fräulein: »Das gehört sich nicht für dich, mit so einem lumpigen Bettelkind zu spielen!«, sagte sie und wollte das Mädchen hinunterjagen.

»Wenn die Frau Königin wüsste, was meine Mutter kann, so würde sie mich nicht jagen«, sagte das kleine Mädchen, und als die Königin sie genauer ausfragte, erzählte sie, dass ihre Mutter der Königin Kinder verschaffen könnte. Das wollte die Königin nicht glauben, aber das Mädchen blieb dabei und sagte, jedes Wort sei wahr, und die Königin sollte nur versuchen, die Mutter dazu zu bringen. Da ließ die Königin das kleine Mädchen hinuntergehen und sie holen.

»Weißt du, was deine Tochter sagt?«, fragte sie die Frau. Nein, die Bettlerin wusste es nicht.

»Sie sagt, dass du mir Kinder verschaffen kannst, wenn du willst«, sagte die Königin wieder.

»Das schickt sich nicht für die Königin, darauf zu hören, was einem Bettelkind in den Sinn kommt«, sagte die Frau und ging wieder hinaus.

Die Königin wurde zornig und wollte beinahe das kleine Mädchen hinunterjagen, aber es versicherte, es sei alles aufs Wort wahr. »Die Königin sollte meiner Mutter nur einschenken, dass sie auftaut, dann wird sie Rat genug wissen«, sagte das Mädchen. Das wollte die Königin probieren; die Bettlerin wurde noch einmal heraufgeholt und mit Wein und Met traktiert, so viel sie haben wollte, und da dauerte es nicht lange, bis ihr die Zunge gelöst war. Da kam die Königin wieder mit ihrem Anliegen.

Einen Rat wüsste sie wohl, sagte die arme Frau: »Die Königin soll am Abend, wenn sie sich legen will, zwei Schüsseln mit Wasser hereintragen lassen. Darin soll sie sich waschen und sie dann unters Bett ausschütten. Wenn sie dann am anderen Morgen nachsieht, so sind da zwei Blumen gewachsen, eine schöne und eine hässliche. Die schöne soll sie verspeisen, die hässliche soll sie stehenlassen. Aber vergesst das Letzte nicht!«, sagte die Frau.

Die Königin tat, wie die Frau ihr geraten hatte. Sie ließ Wasser in zwei Schüsseln heraufbringen, wusch sich darin und schüttete es unters Bett aus, und als sie am Morgen nachsah, standen zwei Blumen da; die eine war hässlich und garstig und hatte schwarze Blätter, die andere aber war hell und schön, dass sie niemals so etwas Schönes gesehen hatte, und die aß sie schnell auf. Aber sie schmeckte ihr so gut, dass sie nicht anders konnte, als die andere auch essen; es wird weder schaden noch nützen, dachte sie.

Nach einer Weile kam die Königin ins Kindbett. Zuerst brachte sie ein Mädchen zur Welt, das hatte einen Rührlöffel in der Hand und ritt auf einem Bock; es war hässlich und garstig, und kaum war es auf der Welt, so rief es: »Mama!«

»Gott helf' mir, wenn ich deine Mama sein soll«, sagte die Königin. »Mach dir keine Sorgen deswegen, es kommt gleich noch eines, das ist schöner«, sagte das, das auf dem Bock ritt. Und darauf brachte die Königin noch ein Mädchen zur Welt, das war so schön und lieblich, dass man nie ein so schönes Kind gesehen hatte; und man kann sich vorstellen, dass die Königin sich darüber besonders freute. Die Älteste nannten sie Zottelhaube, weil sie so schlampig und hässlich war und eine Kappe hatte, die ihr in Zotteln ums Gesicht hing; die Königin wollte nichts von ihr wissen, und die Zofen versuchten, sie in ein anderes Zimmer einzusperren. Aber das half nichts; wo die Jüngste war, wollte sie auch sein, und sie waren durchaus nicht zu trennen. Wie sie beide halbwüchsig waren, geschah es am Weihnachtsabend, dass sich ein ganz fürchterlicher Lärm und Trubel auf dem Hausgang vor der Stube der Königin erhob. Zottelhaube fragte, was das sei, das auf dem Gang so knurre und poltere.

»Das ist der Mühe nicht wert, dass du fragst«, sagte die Königin. Aber Zottelhaube gab nicht nach, sie wollte endlich Bescheid darüber, und so erzählte ihr die Königin, das seien die Trollweiber, die da draußen ihre Julfeier hielten. Zottelhaube sagte, sie wolle hinaus und sie jagen; und wie sie auch baten, sie möchte das doch nicht tun, das half gar nichts, sie wollte und musste hinaus, um die Trollweiber zu jagen. Nur bat sie, die Königin sollte alle Türen wohl verriegelt halten, so dass nicht eine einzige auch nur angelehnt sei, sagte sie. Damit ging sie hinaus mit ihrem Rührlöffel und machte sich daran, die Trollweiber zu jagen und zu hetzen, und da war ein solcher Lärm auf dem Hausgang, wie ihr niemals einen gehört habt; es knarrte und krachte, als ob das Haus aus allen Fugen gehen wollte. Aber wie es nun gekommen sein mochte, die eine Türe stand nur angelehnt; jetzt wollte die Schwester hinausschauen und sehen, wie es Zottelhaube ging, und steckte den Kopf durch den Türspalt. Ratsch, da kam eine Trollhexe, riss ihr den Kopf ab und setzte ihr statt dessen einen Kalbskopf auf, und stracks ging die

Prinzessin hinein und brüllte. Als Zottelhaube wieder hineinkam und die Schwester erblickte, da zankte sie und wurde böse, dass man nicht besser auf sie aufgepasst hatte, und fragte, ob sie es für schön hielten, dass die Schwester in ein Kalb verwandelt worden sei. »Aber ich will doch sehen, ob ich sie nicht erlösen kann!«, sagte sie. Sie verlangte vom König ein Schiff, wohl ausgerüstet und reisefertig, aber einen Steuermann und Mannschaft wollte sie nicht haben, sie wollte mit ihrer Schwester ganz allein fortgehen, und schließlich mussten sie ihr den Willen lassen.

Zottelhaube fuhr fort und steuerte gleich auf das Land zu, wo die Trollhexen wohnten, und als sie in den Hafen gekommen war, sagte sie ihrer Schwester, sie solle auf dem Schiff bleiben und sich ganz still verhalten; aber Zottelhaube selbst ritt auf ihrem Bock hinauf zum Schloss der Trollhexen. Wie sie hineinkam, war ein Saalfenster offen, und da sah sie den Kopf ihrer Schwester auf dem Fensterbrett stehen; da ritt sie in vollem Schwung in den Hausgang, packte den Kopf und machte sich mit ihm davon. Die Trollhexen waren hinterdrein und wollten den Kopf wiederhaben, und sie kamen so dicht in ihre Nähe, dass es nur so schwärmte und schwirrte, aber der Bock knuffte und stieß mit den Hörnern, und sie selbst schlug und hieb mit dem Rührlöffel drein, und so musste der Trollschwarm sich besiegt geben. Zottelhaube kam zum Schiff zurück, nahm der Schwester den Kalbskopf ab und setzte ihr ihren eigenen Kopf wieder auf, so dass sie wieder ein Mensch wurde wie vorher. Und so fuhren sie weit, weit fort in ein fremdes Königreich.

Der König dort war ein Witwer und hatte nur einen einzigen Sohn. Wie er das fremde Schiff zu Gesicht bekam, sandte er Leute an den Strand, um zu hören, wo es her sei und wem es gehöre. Aber als sie an den Strand hinunterkamen, sahen sie keine lebende Seele auf dem Schiff außer Zottelhaube, sie ritt auf dem Deck hin und her auf ihrem Bock, dass die Haarsträhnen ihr um den Kopf flogen. Die Leute vom Hof waren höchst verwundert über den Anblick und fragten, ob denn sonst niemand an Bord sei. Doch, sie hätte eine Schwester bei sich, sagte Zottelhaube. Da wollten die Leute sie sehen, aber Zottelhaube sagte Nein: »Es bekommt sie keiner zu sehen außer dem König«, sagte sie und ritt auf ihrem Bock herum, dass das Deck dröhnte. Wie nun die Diener wieder zum Schloss kamen und berichteten, was sie von dem Schiff gesehen und gehört hätten, da machte sich der König stracks auf den Weg, um die zu sehen, die da auf dem Bock ritt. Als er kam, führte Zottelhaube ihre Schwester heraus, und sie war so schön und lieblich, dass der König sich sogleich auf der Stelle in sie verliebte. Er nahm sie beide mit auf sein Schloss, und die Schwester wollte er zu seiner Königin machen, aber Zottelhaube sagte, der König könne ihre Schwester auf gar keinen Fall bekommen, wenn nicht der Königssohn sie, die Zottelhaube, nehme. Begreiflicherweise wollte der Königssohn höchst ungern einen so hässlichen Kobold wie Zottelhaube heiraten, aber der König und alle im Schloss redeten ihm so lange zu, bis er endlich nachgab und versprach, er werde sie zur Frau nehmen, aber er tat es nur gezwungen und war sehr traurig. Nun wurde die Hochzeit vorbereitet mit Backen und Brauen, und als alles fertig war, sollten sie zur Kirche ziehen; aber der Prinz empfand das als schwersten Kirchgang, den er je in seinem Leben getan hatte. Zuerst fuhr der König mit seiner Braut; sie war so wunderschön, dass alle Leute stehenblieben und ihr nachsahen, so lange sie sie noch erspähen konnten. Dahinter kam der Prinz geritten neben Zottelhaube, die auf ihrem Bock dahertrabte mit dem Rührlöffel in der Faust, und er sah mehr danach aus, als ob er zu einem Leichenbegängnis sollte als zu seiner eigenen Hochzeit. So betrübt war er und sprach nicht ein Wort. »Warum sagst du denn nichts?«, fragte Zottelhaube, als sie ein Stück Wegs geritten waren.

»Was soll ich denn sagen?«, antwortete der Prinz.

»Du kannst ja fragen, warum ich auf dem hässlichen Bock reite«, sagte Zottelhaube.

»Warum reitest du auf dem hässlichen Bock?«, fragte der Königssohn. »Ist das ein hässlicher Bock? Das ist das schönste Pferd, auf dem eine Braut je geritten ist!«, sagte Zottelhaube, und in dem Augenblick verwandelte sich der Bock in ein Pferd, wie der Königssohn seiner Lebtag kein prächtigeres gesehen hatte.

Jetzt ritten sie wieder ein Stück, aber der Prinz war ganz gleich traurig und konnte kein Wort herausbringen. Da fragte Zottelhaube noch einmal, warum er nicht rede, und als der Prinz zur Antwort gab, dass er nicht wisse, wovon er reden solle, da sagte sie: »Du kannst ja fragen, warum ich mit dem hässlichen Kochlöffel in der Hand reite?« »Warum reitest du mit dem hässlichen Kochlöffel?«, fragte der Prinz. »Ist das ein hässlicher Kochlöffel? Das ist der schönste Silberfächer, den eine Braut nur haben kann«, sagte Zottelhaube, und zugleich wurde er in einen Silberfächer verwandelt, so prächtig, dass es nur so blitzte. So ritten sie noch ein Stück, aber der Königssohn war ebenso traurig und sprach kein Wort. Bald fragte Zottelhaube ihn wieder, warum er nicht rede, und diesmal sagte sie, er solle fragen, warum sie die hässliche graue Haube aufhabe.

»Warum hast du die hässliche graue Haube auf?«, fragte der Prinz. »Ist das eine hässliche Haube? Das ist ja die blankste Goldkrone, die eine Braut nur haben kann«, gab Zottelhaube zur Antwort, und in dem gleichen Augenblick geschah die Verwandlung. Nun ritten sie wieder eine lange Weile, und der Prinz war so traurig, dass er dasaß, ohne ein einziges Wort zu mucksen, wie vorher; da fragte ihn seine Braut wiederum, warum er nicht rede, und nun sollte er fragen, warum sie so grau und hässlich von Angesicht sei. »Ja, warum bist du so grau und hässlich von Angesicht?«, fragte der Königssohn.

»Bin ich hässlich? Du meinst, meine Schwester sei schön, aber ich bin noch zehnmal schöner«, sagte die Braut, und als der Königssohn sie ansah, fand er, es könne kein ebenso schönes Frauenzimmer mehr geben in der Welt. Also ist es begreiflich, dass der Prinz seinen Mund wiederfand und nicht länger den Kopf hängen ließ. So feierten sie Hochzeit schön und lange, und dann zogen der König und der Prinz, jeder mit seiner jungen Frau, zum Vater der Königstöchter, und da feierten sie aufs Neue Hochzeit, so dass das Fest kein Ende nehmen wollte. Lauf geschwind aufs Schloss, da ist immer noch ein Tropfen vom Brautbier übrig.

Dieses humorvoll erzählte norwegische Märchen[9] ist kein Märchen des Neidens, sondern des einander Gönnens, ein Märchen des einander Günstigseins. Es ist in unserem Zusammenhang interessant, einmal durchzuspielen, wo auch hier Neid möglich gewesen wäre – um zu spüren, wie er durch Gunst, die immer auch Zuneigung ist, ersetzt und damit gebannt werden kann.

Ganz am Anfang allerdings neidet die Königin den einfachen Leuten den Kindersegen, ja sogar das Zankenkönnen mit den Kindern. Daran merkt man, was dieser Königin fehlt, vielleicht diesem Königshof überhaupt, nämlich Fruchtbarkeit, Lebendigkeit, Auseinandersetzung, das, was die einfachen Leute haben ... Zunächst verkrampft gewollt, finden Königin und König eine erste Lösung im Adoptivkind. Sie gönnen sich die Freude am Kind im Adoptivkind und gönnen diesem Adoptivkind, das sie lieben, sich als Eltern.

Das Adoptivkind wiederum bekommt beim Spiel mit den goldenen Äpfeln Kontakt zum Bettelkind, sie freunden sich an und sind unzertrennlich. Als das Adoptivkind hinaufgerufen und wegen des Bettelkindes, mit dem es spielt, gescholten wird, verfällt das Bettelkind nicht in Neid, sondern es kommt selbstbewusst mit nach oben und verweist stolz auf seine Mutter, die der Königin als Heilkundige zu Kindern verhelfen könne. Selbstbewusstsein verhindert Neid.

Die Sehnsucht nach Leben ermöglicht der Königin schließlich doch, den Kontakt zu der Bettelfrau und dem Bettelkind aufzunehmen und deren Rat ernst zu nehmen. Die Bettelfrau trägt aber mit der dunklen Blume auch das Dunkle mit herein, vor dem sie jedoch warnt. Warnungen sind im Märchen allerdings immer dazu da, übertreten zu werden, da sie Neues in Gang bringen.

Die beiden Schwestern könnten einander beneiden, vor allem Zottelhaube, die Hässliche, ihre schöne Schwester. Die schöne, brave Schwester aber auch die wilde, lustige, mutige Zottelhaube. Doch lieben sie einander. Die Alternative zum Neid im Blick auf das, was uns fehlt, ist die Möglichkeit, daran zu partizipieren, indem ich mich aufrichtig mit der verbinde, die es hat.

Zottelhaube hätte neidisch sein können auf die spontane Zuneigung der Mutter, die der schönen Schwester schon von Geburt an entgegenkommt. Stattdessen erträgt sie deren Erschrecken bei ihrer eigenen Geburt und tröstet sie mit dem Hinweis, dass gleich noch eine zweite, eine schönere Tochter nachkäme. Recht kess und herausfordernd kommt dies einem entgegen. Sie verlangt allerdings, dass auch sie »Mama« zu ihrer Mutter sagen dürfe. Sie kompensiert ihr Anderssein mit Kraft und Aggression: Von Geburt an reitet sie auf dem Bock, schwingt einen Kochlöffel und trägt eine Zottelhaube. Im Grunde stellt sie das dar, was der angepassten Mutter fehlt und was diese sich eigentlich wünscht, weil sie sonst unfruchtbar bleibt. Zottelhaube hat das Wild-Lebendige, doch fehlt ihr die mütterliche und väterliche Zuwendung, die der schönen Schwester sofort zuteilwird. Sie wird aber nicht neidisch, sondern liebt die Schwester, lässt sie teilhaben an ihrer eigenen Kraft und gewinnt dafür Anteil an deren Schönheit.

Die schöne Schwester hätte Zottelhaube bei den Trollhexen lassen können, hätte sie dadurch losbekommen, wenn sie sie um ihre Kraft und ihr Zupacken beneidet hätte. Doch sie sorgt sich um sie und will zugleich dabei sein, wenn die Schwester sich mit ihnen jagt, und will sie mit ihnen nicht allein lassen.

Als die Trollhexen ihr den Kopf abreißen und stattdessen einen Kalbskopf aufsetzen, sie also zum Kalb machen, hätte es Zottelhaube, wenn sie ihr die Schönheit geneidet hätte, dabei belassen können. Jetzt wäre ihre Schwester die beneidenswerte Schönheit los, hätte nicht nur eine Zottelhaube auf dem Kopf, sondern gar einen Kalbskopf zu tragen. Doch Zottelhaube ist vielmehr darüber unglücklich, greift Mutter und Hofbeamte an, man habe nicht gut genug auf die schöne Schwester aufgepasst bzw. ihr nicht recht beigebracht, sich zu wehren. Über Aggression verfügt man ja an diesem Hofe nicht.

Stattdessen zeigt sich Zottelhaube nun in ihrer ganzen Stärke, verlangt gar ein Schiff, das sie selber steuert, um zu den Trollhexen zu gelangen. Sie nimmt es mit ihnen auf, holt den Kopf der Schwester und damit deren Schönheit und Klugheit wieder zurück und gewinnt mit dieser tatkräftigen Handlung Anteil an ihrer Klugheit, wie auch die schöne Schwester an Zottelhaubes wilder Kraft, indem sie eine Zeit lang selbst bei den Trollhexen war.

Am fremden Königshof, wo der regierende König nach dem Tod seiner Frau und auch der Königssohn noch keine Frau haben, weiß Zottelhaube genau, was sie zu tun hat: Sie erweckt durch einsames Herumreiten auf dem Schiff die Neugier der Leute, bis der König aufmerksam wird: Ihn lockt sie mit der Schönheit ihrer Schwester, die nur er zu Gesicht bekommen soll und schließlich auch zu sehen bekommt – bis er sich in diese wirkliche Schönheit verliebt. Zottelhaube wünscht der Schwester das. Doch dann stellt sie, selbstbewusst, wie sie ist, aber doch um ihre Unattraktivität als Frau wissend, ihre Bedingung: Der König soll die schöne Schwester nur dann bekommen, wenn sie selbst, Zottelhaube, den jungen Nachfolger des Königs bekommt. So mächtig ist sie, das fordern zu können. So sorgt sie für die Schwester und für sich selbst mit. Die beiden bleiben unzertrennlich – und sei dies mit einem Trick erreicht. Auch hier neidet die schöne Schwester, die den regierenden König bekommt, der Schwester den Jüngeren nicht, und Zottelhaube, die den scheuen Thronnachfolger bekommt, nicht den erfahrenen König und das Königinsein. Sie, zusammen mit dem Thronfolger, bildet nämlich das Paar der Zukunft.

Ein Letztes noch: Der Thronfolger könnte dem Vater die wunderschöne junge Frau neiden, während er selbst sich mit diesem Trampeltier von Zottelhaube zufriedenzugeben hat. Doch davon ist nicht die Rede. Sondern, so enttäuscht er zunächst über ihr Aussehen auch ist, er lässt sich trotzdem pflichtgemäß auf sie ein, wie es an Königshäusern nach einem Heiratsversprechen gute Sitte war. Der köstliche Wortwechsel beim Ritt zur Trauung sagt, was und wie es geschieht: Sie ermutigt ihn, sie auf ihre Eigenarten anzusprechen. Dabei vollzieht sich offenbar ein Perspektivenwechsel beim Königssohn und bei ihr selbst. Die Stärke und Schönheit ihrer Eigenheiten wird auf einmal sichtbar: ein eigenwilliges Reittier zu haben, ein Zepter zu schwingen und eine Krone zu tragen – das steckt hinter ihrem Ritt auf dem Bock, ihrem Herumfuchteln mit dem Kochlöffel und der Zottelhaube, die ihre Schönheit bisher verdeckte.

Der Perspektivenwechsel, wie immer er für beide möglich wurde, macht beide von Herzen glücklich. Möglich wurde er vor allem schon deshalb, weil sich beide aufeinander eingelassen haben, auf ihr Sosein. Auch der stumme, scheue Königssohn war zunächst kein Vergnügen für Zottelhaube. Aber indem sie ansprechbar macht, warum sie beide so sind, wie sie sind, wird eben eine andere Sicht möglich. Auch der Königssohn kommt durch diesen Perspektivenwechsel aus seiner anfänglichen Enttäuschung und seinem trotzigen Schweigen heraus, wird immer glücklicher über sie, sobald er sie wirklich sieht. Sie weiß zum ersten Mal um ihre große Schönheit als Frau und muss sich diesem Wissen nicht mehr bockig-burschikos verschließen. Dadurch wird auch sie in gewissem Sinne erlöst von der Trotzhaltung, die sie sich von Jugend auf sich angeeignet hat. Auch hier gilt Gabriela Mistrals Satz: »Weil du mich anblickst, werd' ich schön.«

Neid erweist sich als überflüssig, wo das andere, das uns bis dahin fehlte, in Liebe angeschaut und in seinem Wert anerkannt wird. Das ist möglich bei einem guten Selbstwertgefühl. Und erst recht bei Liebe. Die schöne Schwester war die Erste, die Zottelhaube vorbehaltlos anerkannte. Sie waren unzertrennlich. So kam es zu der tiefen Solidarität, die der anderen etwas gönnt. Weil dann auch der Königssohn die Schönheit erkennt, die ihrer Eigenart innewohnt, muss sie diese nicht länger in der verbockten und vertrackten Form ausleben, wie sie es sich angewöhnt hat, sondern kann dies nun in einer schöneren, würdigeren, souveräneren und vor allem bezogeneren Art tun. Damit wird auch Zottelhaube von ihrer Aufmachung, die ihrer trotzigen Einstellung seit der Ablehnung durch die Mutter entsprach, befreit, erlöst. Sie ist eine starke, mutige, lustige, souveräne Partnerin ihres Partners, des künftigen Königs, der an ihr ebenfalls stärker geworden zu sein scheint.

Sehr versöhnlich endet das Märchen: Die beiden stolzen königlichen Paare reisen zurück zu ihren Eltern. Auch deren Königtum kann nun auf neue Fruchtbarkeit zählen. Das lebendig-wilde Element, das sie auch bei der Geburt von Zottelhaube noch ablehnen und das dem ganzen herrschenden System fehlte, wird ihm nun durch Zottelhaube und ihren königlichen Partner integriert.

Ich habe das Märchen bis jetzt unter dem Aspekt des Nicht-Neidens, des einander etwas Gönnens betrachtet. Ich will es jetzt noch in seiner Eigendynamik betrachten, indem ich dem Gang der Handlung folge.

Worum geht es eigentlich? Es geht um ein unfruchtbares Königspaar, d. h. wohl zugleich – im symbolischen Sinne – um ein unfruchtbares herrschendes Prinzip, unter dem vor allem die Königin sehr leidet. Es fehlt diesem Königspaar die Fähigkeit zur Selbstwirksamkeit.

Die Königin neidet dem einfachen Volk die Fähigkeit, fruchtbar zu sein, ja, die Möglichkeit, mit den Kindern zu zanken, sich also miteinander auseinanderzusetzen. Eigentlich müsste sie sich ein ungezogenes, bockiges Kind wünschen, weil es das brächte, was ihr fehlt – und vor allem Leben in die Bude brächte. Aber genau dieser Wunsch bleibt ihr zugleich unbewusst. Sie ist entsetzt, als sie Zottelhaube das erste Mal sieht! Sie ist dem, was sie sich unbewusst wünscht, in der Realität noch gar nicht gewachsen, wie so manche Eltern, die sich ein Lausmädchen oder einen Lausbuben wünschen, hilflos sind, wenn sie ein solches Kind tatsächlich bekommen.

Die erste Notlösung, die aber auch schon etwas Schöpferisches enthält, nämlich ein Kind aus dem Volk zu adoptieren, hatte die Königin schon ein wenig von ihrem verkrampften Kinderwunsch befreit. Eben dieses Kind aber hatte sich bereits durch sein Spiel mit den kostbaren goldenen Äpfeln – Symbolen der Fruchtbarkeit und der Liebe – mit einem Kind aus dem einfachen Volk verwickelt, sogar mit einem Bettelkind, einem Kind von solchen Leuten, die im herrschenden System ausgegrenzt waren und sich kaum am Leben erhalten konnten, weil sie anders waren. Ein sogenanntes »Zigeunermädchen« z. B. könnte bis heute in einer ähnlichen Lage sein.

Das Bettelkind, das die Schelte der Königin nicht annimmt, sondern unzertrennlich mit seiner neuen Spielgefährtin zusammenbleibt, an ihr hängt und ihr bis ins Königsgemach hinein folgt, weist *mit Stolz* auf seine eigene Mutter hin, eine kräuterkundige Bettelfrau – von einem solchen Heilwissen kann man sich offenbar in diesem Königreich nicht mehr ernähren –, die andererseits ihr, der Königin, sogar den ersehnten Kindersegen ermöglichen könnte.

Die Integration des Fremden, dem Volke Eigenen, geschieht, als diese Bettelfrau mit ihrem gynäkologischen Wissen der Königin wirklich Kinder verschafft, wobei das bisher Ausgeschlossene mitgeliefert wird: das Wild-Lebendige, das in der dunklen Blume enthalten ist. Sogar in der Gier der Königin, die die Warnung vor dieser Blume nicht beachtet, sondern sie mitverzehrt, kommt eine solche Integration von Dunklem, bisher Gemiedenem und Abgelehntem zur Geltung. Die Zwillingsgeburt zweier so verschiedener Wesen weist dagegen wieder auf eine Gegenpoligkeit hin, die es zu integrieren gilt: die wild-lebendige Zottelhaube, nämlich mit Bock, Kochlöffel und Zottelhaube ausgestattet, und die wunderschöne Zweitgeborene, die ihre entsetzte Mutter trösten soll, schon als sie von Zottelhaube ankündigt wird.

In der Königin, als Vertreterin des herrschenden Bewusstseins, sollte die Integration dieser beiden Seiten, ihrer Kinder, eigentlich als Erster erfolgen, sie sollte beide Kinder akzeptieren, zumal sie sich auch ein solches wie Zottelhaube im Tiefsten gewünscht hat, das doch das verkörpert, was ihr fehlt. Doch die Königin versagt sich nach dem ersten Eindruck jenem Kind, das sie unmöglich findet. Sie will seine Mutter nicht sein! So bekommt Zottelhaube ihren ersten Schlag von der Mutter. Ihre Geburt löst keine Freude bei der Mutter aus, sondern erschreckte Ablehnung. Die Mutter nimmt das wilde Kind nicht an. So bleibt Zottelhaube ein solches Kind, das sich nur im Trotz gegen solche Ablehnung zu behaupten lernt. Es ist forcierte Selbstbehauptung, die sie fortan charakterisiert, sozusagen ein »Not-Ich«, das sie aufbaut.

Die beiden Mädchen aber bleiben unzertrennlich, lassen sich nicht voneinander wegsperren, auch wenn man es versucht: So gelingt es nicht, Zottelhaube in ein anderes Zimmer zu verbannen und zu isolieren.

Welchen Wesens Zottelhaube ist, zeigt sich am Julfest, dem nordischen Fest der Wintersonnenwende, als die Trollweiber umgehen. Durch ihren Bock – den Julbock gibt es als Symbol des Julfestes wirklich – zeigt sich Zottelhaube irgendwie mit den Trollhexen vertraut. Sie hat Spaß an deren Umtrieb, den andere fürchten, und tritt hinaus, die Trollweiber zu jagen – nicht einfach zu verjagen, sondern sich mit ihnen zu jagen, spielerisch wild! Sie hat Mut, den Trollweibern zu begegnen, während die anderen im Hof sich ängstlich gegen sie verbarrikadieren.

Die Trollweiber sind Vorstellungen, die zum Unbewussten des einfachen Volkes gehören, und als solche sollten sie eigentlich vom Hof einbezogen und integriert werden. So will jetzt auch die schöne, angepasste Schwester ihre vertraute Zottelhaube nicht mit den Trollweibern alleine lassen, will vielmehr teilhaben an dem Treiben, ist auch neugierig. Vielleicht will sie Zottelhaube sogar beispringen, wenn sie in Not geriete. Sie, die Schöne, die Brave, in all ihrer Angepasstheit, ist jedoch den Trollweibern nicht gewachsen. Diese bekommen Gewalt über sie, reißen ihr den Kopf und damit das bisherige Bewusstsein und Selbstverständnis ab und setzen ihr dafür einen Kalbskopf auf, der sie albern macht, und sie beginnt jetzt tatsächlich zu blöken wie ein Kalb.

Auch wenn dies zweifellos eine Verbindung hin zum Wild-Lebendigen bedeutet, so ist sie doch mit dem Kalbskopf auf Dauer nicht lebensfähig, sondern wirkt wie ein Monstrum, auch körperlich verunstaltet, alles andere als schön. Das Schweizerdeutsch kennt allerdings einen Ausdruck für übermütiges Herumalbern, er heißt »das Kalb machen« und bedeutet, herumzuhüpfen wie ein junges Kalb! Das würde man der schönen, angepassten Schwester eigentlich gönnen. Doch Zottelhaube kann diese extreme Verwandlung und Verhässlichung ihrer Schwester nicht mit ansehen. Es muss um echte Integration gehen zwischen den Trollweibern und ihrer schönen, geliebten Schwester, nicht um solche Verballhornung!

So läuft Zottelhaube angesichts des beschämenden Unglücks ihrer Schwester zu ihrer vollen Größe auf: Sie beschimpft die Königsfamilie, die Schwester nicht richtig geschützt zu haben, fordert stattdessen für sich selbst ein Schiff, um ihre von den Trollweibern entführte und verunstaltete Schwester »erlösen« zu können. Sie steuert ins Trollweiberland, das sie offenbar kennt, in dem sie sich auskennt, und holt tollkühn, um den Ort wohl wissend, wo er versteckt ist, den Kopf ihrer Schwester zurück und damit auch deren Klugheit und Schönheit. Der Kopf wird der Schwester wieder aufgesetzt, und so erhält sie ihre Identität zurück. Indem die Schwester eine Zeit lang ein Kalb war, ist ihr jedoch die Begegnung mit dem Wild-Lebendigen zugemutet worden, ist es ihr von nun an nicht mehr ganz fremd.

Jetzt nimmt Zottelhaube die Sache mit der Integration von Schönheit und »Zottelhaubigkeit« selbst in die Hand, und damit auch die Heilung ihrer eigenen Wunde im Selbstwertgefühl, dem die mütterliche Liebe fehlte, die Anerkennung ihrer besonderen Art in diesem Königreich. Sie steuert das Schiff mit ihrer Schwester noch viel weiter weg vom Elternhaus als je bisher – bzw. setzt ihre Fahrt mit der Schwester vom Trollweiberland aus fort – und gelangt in ein Land, in dem die Königin fehlt, ein Land, von dem sie wohl weiß, dass sowohl der regierende König wie auch sein Nachfolger zur Zeit noch ohne Partnerinnen sind.

Durch den Trick eines bockigen Herumreitens auf dem Schiff erregt sie die Aufmerksamkeit des Volkes dort und schließlich auch die des Königs selbst, der nach der abstoßenden Zottelhaube auch deren wunderschöne Schwester, von der er hörte, zu sehen wünscht, welche Zottelhaube aber nur ihm selbst zu sehen erlaubt. Der König kommt aufs Schiff und verliebt sich erwartungsgemäß sofort in diese Schöne, will sie zu seiner Königin machen, doch Zottelhaube mit ihrem Selbstbewusstsein macht zur Bedingung, dass dann, wenn der König die schöne Schwester heiraten sollte, auch sie selbst verheiratet werden wolle, und zwar mit dem jungen Thronfolger. Sie wünscht und gönnt der Schwester die Verbindung mit dem regierenden König, denkt aber auch an sich selbst. Sie will sie alle beide, aber eben auch sich selbst, endlich glücklich und geliebt sehen.

Der Thronfolger fügt sich pflichtgemäß, den Heiratsgepflogenheiten in Königshäusern folgend, der Verbindung mit Zottelhaube, ist aber über ihr Erscheinungsbild zunächst sehr enttäuscht und unglücklich. Es hängt alles am seidenen Faden. Wird die Integration Zottelhaubes, die auch ihre persönliche Erlösung bedeutete, möglich werden? Sie bedeutete auch Integration des Wild-Lebendigen in die herrschende, bis dahin so sterile Gesellschaft.

Zottelhaube kommt in Kontakt mit ihrem enttäuschten, aber doch zu ihr stehenden Mann, indem sie ihn seine Enttäuschung auszudrücken und damit ihre wild-lebendigen Züge anzusprechen lehrt. Aus ihrer innersten Hoffnung heraus, eben doch liebenswert zu sein, kommt es für beide zu einem Perspektivenwechsel. Der Königssohn lernt auf einmal, die Schönheit und Kraft in ihrer Eigenart zu sehen, und gewinnt sie wirklich lieb – offenbar von da an, als sie ihre Schönheit und Kraft selbst erkennt. Die Integration des Wild-Lebendigen in die herrschende Einstellung ist gelungen. Darum geht es in diesem köstlich erzählten Märchen. Neid scheint mir in diesem Gegenüber der beiden Zwillingsschwestern deshalb überflüssig zu sein, weil jede von ihnen um die kostbare Ergänzung ihres Wesens weiß, die gerade durch die gegenpoligen Eigenschaften der Schwester möglich ist. Beide arbeiten an der Integration des Gegenpoligen für sich selbst, statt einander darum zu beneiden.

Die zwei Brüder

Es waren einmal zwei Brüder, ein reicher und ein armer. Der reiche war ein Goldschmied und böse von Herzen, der andere nährte sich davon, dass er Besen band, und war gut und redlich. Der Arme hatte zwei Kinder, das waren Zwillingsbrüder und sich so ähnlich wie ein Tropfen Wasser dem andern. Die zwei Knaben gingen in des Reichen Haus ab und zu und erhielten von den Resten manchmal etwas zu essen. Es trug sich zu, dass der arme Mann, als er in den Wald ging, Reisig zu holen, einen Vogel sah, der ganz golden war und so schön, wie ihm noch niemals einer vor Augen gekommen war. Da hob er ein Steinchen auf, warf nach ihm und traf ihn auch glücklich. Es fiel aber nur eine goldene Feder herab und der Vogel flog fort. Der Mann nahm die Feder und brachte sie seinem Bruder, der sah sie an und sprach: »Es ist eitel Gold«, und gab ihm viel Geld dafür. Am andern Tag stieg der Mann auf einen Birkenbaum und wollte ein paar Äste abhauen. Da flog derselbe Vogel heraus, und als der Mann nachsuchte, fand er ein Nest und ein Ei lag darin, das war von Gold. Er nahm das Ei mit heim und brachte es seinem Bruder, der sprach wiederum: »Es ist eitel Gold«, und gab ihm, was es wert war. Zuletzt sagte der Goldschmied: »Den Vogel selber möchte ich wohl haben.« Der Arme ging zum dritten Mal in den Wald und sah den Goldvogel wieder auf dem Baum sitzen. Da nahm er einen Stein und warf ihn herunter und brachte ihn seinem Bruder, der gab ihm einen großen Haufen Geld dafür. Nun kann ich mir forthelfen, dachte er und ging zufrieden nach Haus.

Der Goldschmied war klug und listig und wusste wohl, was das für ein Vogel war. Er rief seine Frau und sprach: »Brat mir den Goldvogel und sorge, dass nichts davon wegkommt. Ich habe Lust, ihn ganz allein zu essen.« Der Vogel war aber kein gewöhnlicher, sondern so wunderbarer Art, dass, wer Herz und Leber von ihm aß, jeden Morgen ein Goldstück unter seinem Kopfkissen fand. Die Frau machte den Vogel zurecht, steckte ihn an einen Spieß und ließ ihn braten. Nun geschah es, dass, während er am Feuer stand und die Frau anderer Arbeiten wegen notwendig aus der Küche gehen musste, die zwei Kinder des armen Besenbinders hereinliefen, sich vor den Spieß stellten und ihn ein paar Mal herumdrehten. Und als da gerade zwei Stücklein aus dem Vogel in die Pfanne herabfielen, sprach der eine: »Die paar Bisschen wollen wir essen, ich bin so hungrig, es wird's ja niemand daran merken.« Da aßen sie beide die Stückchen auf; die Frau kam aber dazu, sah, dass sie etwas aßen, und sprach: »Was habt ihr gegessen?« »Ein paar Stückchen, die aus dem Vogel herausgefallen sind«, antworteten sie. »Das ist Herz und Leber gewesen«, sprach die Frau ganz erschrocken, und damit ihr Mann nichts vermisste und nicht böse ward, schlachtete sie geschwind ein Hähnchen, nahm Herz und Leber heraus und legte es zu dem Goldvogel. Als er gar war, trug sie ihn dem Goldschmied auf, der ihn ganz allein verzehrte und nichts übrig ließ. Am andern Morgen aber, als er unter sein Kopfkissen griff und dachte, das Goldstück hervorzuholen, war so wenig wie sonst eins zu finden.

Die beiden Kinder aber wussten nicht, was ihnen für ein Glück zuteilgeworden war. Am andern Morgen, wie sie aufstanden, fiel etwas auf die Erde und klingelte, und als sie es aufhoben, da waren's zwei Goldstücke. Sie brachten sie ihrem Vater, der wunderte sich und sprach: »Wie sollte das zugegangen sein?« Als sie aber am andern Morgen wieder zwei fanden, und so jeden Tag, da ging er zu seinem Bruder und erzählte ihm die seltsame Geschichte. Der Goldschmied merkte gleich, wie es gekommen war und dass die Kinder Herz und Leber von dem Goldvogel gegessen hatten, und um sich zu rächen und weil er neidisch und hartherzig war, sprach er zu dem Vater: »Deine Kinder sind mit dem Bösen im Spiel, nimm das Gold nicht und dulde sie nicht länger in deinem Haus, denn er hat Macht über sie und kann dich selbst noch ins Verderben bringen.« Der Vater fürchtete den Bösen, und so schwer es ihn ankam, führte er doch die Zwillinge hinaus in den Wald und verließ sie da mit traurigem Herzen.

Nun liefen die zwei Kinder im Wald umher und suchten den Weg nach Haus, konnten ihn aber nicht finden, sondern verirrten sich immer weiter. Endlich begegneten sie einem Jäger, der fragte: »Wem gehört ihr Kinder?« »Wir sind des armen Besenbinders Jungen«, antworteten sie und erzählten ihm, dass ihr Vater sie nicht länger im Hause hätte behalten wollen, weil alle Morgen ein Goldstück unter ihrem Kopfkissen läge. »Nun«, sagte der Jäger, »das ist gerade nichts Schlimmes, wenn ihr nur rechtschaffen dabei bleibt und euch nicht auf die faule Haut legt.« Der gute Mann, weil ihm die Kinder gefielen und er selbst keine hatte, so nahm er sie mit nach Haus und sprach: »Ich will euer Vater sein und euch großziehen.« Sie lernten da bei ihm die Jägerei und das Goldstück, das ein jeder beim Aufstehen fand, das hob er ihnen auf, wenn sie's in Zukunft nötig hätten.

Als sie herangewachsen waren, nahm sie ihr Pflegevater eines Tages mit in den Wald und sprach: »Heute sollt ihr euern Probeschuss tun, damit ich euch freisprechen und zu Jägern machen kann.« Sie gingen mit ihm auf den Anstand und warteten lange, aber es kam kein Wild. Der Jäger sah über sich und sah eine Kette von Schneegänsen in der Gestalt eines Dreiecks fliegen, da sagte er zu dem einen: »Nun schieß von jeder Ecke eine herab.« Der tat's und vollbrachte damit seinen Probeschuss. Bald darauf kam noch eine Kette angeflogen und hatte die Gestalt der Ziffer Zwei. Da hieß der Jäger den andern gleichfalls von jeder Ecke eine herunterholen und dem gelang sein Probeschuss auch. Nun sagte der Pflegevater: »Ich spreche euch frei, ihr seid ausgelernte Jäger.« Darauf gingen die zwei Brüder zusammen in den Wald, ratschlagten miteinander und verabredeten etwas. Und als sie abends sich zum Essen niedergesetzt hatten, sagten sie zu ihrem Pflegevater: »Wir rühren die Speise nicht an und nehmen keinen Bissen, bevor Ihr uns eine Bitte gewährt habt.« Sprach er: »Was ist denn eure Bitte?« Sie antworteten: »Wir haben nun ausgelernt, wir müssen uns auch in der Welt versuchen, so erlaubt, dass wir fortziehen und wandern.« Da sprach der Alte mit Freuden: »Ihr redet wie brave Jäger, was ihr begehrt, ist mein eigener Wunsch gewesen; zieht aus, es wird auch wohl ergehen.« Darauf aßen und tranken sie fröhlich zusammen.

Als der bestimmte Tag kam, schenkte der Pflegevater jedem eine gute Büchse und einen Hund und ließ jeden von seinen gesparten Goldstücken nehmen, so viel er wollte. Darauf begleitete er sie ein Stück Wegs und beim Abschied gab er ihnen noch ein blankes Messer und sprach: »Wann ihr euch einmal trennt, so stoßt dies Messer am Scheideweg in einen Baum, daran kann einer, wenn er zurückkommt, sehen, wie es seinem abwesenden Bruder ergangen ist, denn die Seite, nach welcher dieser ausgezogen ist, rostet, wann er stirbt. Solange er aber lebt, bleibt sie blank.« Die zwei Brüder gingen immer weiter fort und kamen in einen Wald, so groß, dass sie unmöglich in einem Tag herauskonnten. Also blieben sie die Nacht darin und aßen, was sie in die Jägertasche gesteckt hatten; sie gingen aber auch noch den zweiten Tag und kamen nicht heraus. Da sie nichts zu essen hatten, so sprach der eine: »Wir müssen uns etwas schießen, sonst leiden wir Hunger«, lud seine Büchse und sah sich um. Und als ein alter Hase dahergelaufen kam, legte er an, aber der Hase rief:

»Lieber Jäger, lass mich leben,
Ich will dir auch zwei Junge geben.«

Sprang auch gleich ins Gebüsch und brachte zwei Junge; die Tierlein spielten aber so munter und waren so artig, dass die Jäger es nicht übers Herz bringen konnten, sie zu töten. Sie behielten sie also bei sich und die kleinen Hasen folgten ihnen auf dem Fuße nach. Bald darauf schlich ein Fuchs vorbei, den wollten sie niederschießen, aber der Fuchs rief:

»Lieber Jäger, lass mich leben,
Ich will dir auch zwei Junge geben.«

Er brachte auch zwei Füchslein und die Jäger mochten sie auch nicht töten, gaben sie den Hasen zur Gesellschaft und sie folgten ihnen nach. Nicht lange, so schritt ein Wolf aus dem Dickicht, die Jäger legten auf ihn an, aber der Wolf rief:

»Lieber Jäger, lass mich leben,
Ich will dir auch zwei Junge geben.«

Die zwei jungen Wölfe taten die Jäger zu den andern Tieren und sie folgten ihnen nach. Darauf kam ein Bär, der wollte gern noch länger herumtraben und rief:

»Lieber Jäger, lass mich leben,
Ich will dir auch zwei Junge geben.«

Die zwei jungen Bären wurden zu den andern gesellt und waren ihrer schon acht. Endlich, wer kam? Ein Löwe kam und schüttelte seine Mähnen. Aber die Jäger ließen sich nicht schrecken und zielten auf ihn. Aber der Löwe sprach gleichfalls:

»Lieber Jäger, lass mich leben,
Ich will dir auch zwei Junge geben.«

Er holte auch seine Jungen herbei, und nun hatten die Jäger zwei Löwen, zwei Bären, zwei Wölfe, zwei Füchse und zwei Hasen, die ihnen nachzogen und dienten. Indessen war ihr Hunger damit nicht gestillt worden, da sprachen sie zu den Füchsen: »Hört, ihr Schleicher, schafft uns etwas zu essen, ihr seid ja listig und verschlagen.« Sie antworteten: »Nicht weit von hier liegt ein Dorf, wo wir schon manches Huhn geholt haben; den Weg dahin wollen wir euch zeigen.« Da gingen sie ins Dorf, kauften sich etwas zu essen und ließen auch ihren Tieren Futter geben und zogen dann weiter. Die Füchse aber wussten guten Bescheid in der Gegend, wo die Hühnerhöfe waren, und konnten die Jäger überall zurechtweisen.

Nun zogen sie eine Weile herum, konnten aber keinen Dienst finden, wo sie zusammengeblieben wären, da sprachen sie: »Es geht nicht anders, wir müssen uns trennen.« Sie teilten die Tiere, so dass jeder einen Löwen, einen Bären, einen Wolf, einen Fuchs und einen Hasen bekam. Dann nahmen sie Abschied, versprachen sich brüderliche Liebe bis in den Tod und stießen das Messer, das ihnen ihr Pflegevater mitgegeben, in einen Baum; worauf der eine nach Osten, der andere nach Westen zog.

Der Jüngste aber kam mit seinen Tieren in eine Stadt, die war ganz mit schwarzem Flor überzogen. Er ging in ein Wirtshaus und fragte den Wirt, ob er nicht seine Tiere herbergen könnte. Der Wirt gab ihnen einen Stall, wo in der Wand ein Loch war. Da kroch der Hase hinaus und holte sich ein Kohlhaupt und der Fuchs holte sich ein Huhn, und als er das gefressen hatte, auch den Hahn dazu; der Wolf aber, der Bär und der Löwe, weil sie zu groß waren, konnten nicht hinaus. Da ließ sie der Wirt hinbringen, wo eben eine Kuh auf dem Rasen lag, dass sie sich satt fraßen. Und als der Jäger für seine Tiere gesorgt hatte, fragte er erst den Wirt, warum die Stadt so mit Trauerflor ausgehängt wäre? Sprach der Wirt: »Weil morgen unseres Königs einzige Tochter sterben wird.« Fragte der Jäger: »Ist sie sterbenskrank?« »Nein«, antwortete der Wirt, »sie ist frisch und gesund, aber sie muss doch sterben.« »Wie geht das zu?«, fragte der Jäger. »Draußen vor der Stadt ist ein hoher Berg, darauf wohnt ein Drache, der muss alle Jahr eine reine Jungfrau haben, sonst verwüstet er das ganze Land. Nun sind schon alle Jungfrauen hingegeben und ist niemand mehr übrig als die Königstochter, dennoch ist keine Gnade, sie muss ihm überliefert werden; und das soll morgen geschehen.« Sprach der Jäger: »Warum wird der Drache nicht getötet?« »Ach«, antwortete der Wirt, »so viele Ritter haben's versucht, aber allesamt ihr Leben eingebüßt; der König hat dem, der den Drachen besiegt, seine Tochter zur Frau versprochen, und er soll auch nach seinem Tode das Reich erben.«

Der Jäger sagte dazu weiter nichts, aber am andern Morgen nahm er seine Tiere und stieg mit ihnen auf den Drachenberg. Da stand oben eine kleine Kirche und auf dem Altar standen drei gefüllte Becher und dabei war die Schrift: »Wer die Becher austrinkt, wird der stärkste Mann auf Erden und wird das Schwert führen, das vor der Türschwelle vergraben liegt.« Der Jäger trank da nicht, ging hinaus und suchte das Schwert in der Erde, vermochte aber nicht es von der Stelle zu bewegen. Da ging er hin und trank die Becher aus und war nun stark genug das Schwert aufzunehmen, und seine Hand konnte es ganz leicht führen. Als die Stunde kam, wo die Jungfrau dem Drachen sollte ausgeliefert werden, begleitete sie der König, der Marschall und die Hofleute hinaus. Sie sah von Weitem den Jäger oben auf dem Drachenberg und meinte, der Drache stände da und erwartete sie, und wollte nicht hinaufgehen, endlich aber, weil die ganze Stadt sonst wäre verloren gewesen, musste sie den schweren Gang tun. Der König und die Hofleute kehrten voll großer Trauer heim, des Königs Marschall aber sollte stehen bleiben und aus der Ferne alles mit ansehen.

Als die Königstochter oben auf den Berg kam, stand da nicht der Drache, sondern der junge Jäger, der sprach ihr Trost ein und sagte, er wollte sie retten, führte sie in die Kirche und verschloss sie darin. Gar nicht lange, so kam mit großem Gebraus der siebenköpfige Drache dahergefahren. Als er den Jäger erblickte, verwunderte er sich und sprach: »Was hast du hier auf dem Berge zu schaffen?« Der Jäger antwortete: »Ich will mit dir kämpfen.« Sprach der Drache: »So mancher Rittersmann hat hier sein Leben gelassen, mit dir will ich auch fertig werden«, und atmete Feuer aus sieben Rachen. Das Feuer sollte das trockne Gras anzünden und der Jäger sollte in der Glut und dem Dampf ersticken, aber die Tiere kamen herbeigelaufen und traten das Feuer aus. Da fuhr der Drache gegen den Jäger, aber er schwang sein Schwert, dass es in der Luft sang, und schlug ihm drei Köpfe ab. Da ward der Drache erst recht wütend, erhob sich in die Luft, spie die Feuerflammen über den Jäger aus und wollte sich auf ihn stürzen, aber der Jäger zückte nochmals sein Schwert und hieb ihm wieder drei Köpfe ab. Das Untier ward matt und sank nieder und wollte doch wieder auf den Jäger los, aber er schlug ihm mit der letzten Kraft den Schweif ab, und weil er nicht mehr kämpfen konnte, rief er seine Tiere herbei, die zerrissen es in Stücke. Als der Kampf zu Ende war, schloss der Jäger die Kirche auf und fand die Königstochter auf der Erde liegen, weil ihr die Sinne vor Angst und Schrecken während des Streites vergangen waren. Er trug sie heraus, und als sie wieder zu sich selbst kam und die Augen aufschlug, zeigte er ihr den zerrissenen Drachen und sagte ihr, dass sie nun erlöst wäre. Sie freute sich und sprach: »Nun wirst du mein liebster Gemahl werden, denn mein Vater hat mich demjenigen versprochen, der den Drachen tötet.« Darauf hing sie ihr Halsband von Korallen ab und verteilte es unter die Tiere, um sie zu belohnen, und der Löwe erhielt das goldene Schlösschen davon. Ihr Taschentuch aber, in dem ihr Name stand, schenkte sie dem Jäger, der ging hin und schnitt aus den sieben Drachenköpfen die Zungen aus, wickelte sie in das Tuch und verwahrte sie wohl.

Als das geschehen war, weil er von dem Feuer und dem Kampf so matt und müde war, sprach er zur Jungfrau: »Wir sind beide so matt und müde, wir wollen ein wenig schlafen.« Da sagte sie Ja, und sie ließen sich auf die Erde nieder und der Jäger sprach zu dem Löwen: »Du sollst wachen, damit uns niemand im Schlaf überfällt«, und beide schliefen ein. Der Löwe legte sich neben sie, um zu wachen, aber er war vom Kampf auch müde, dass er den Bären rief und sprach: »Lege dich neben mich, ich muss ein wenig schlafen, und wenn was kommt, so wecke mich auf.« Da legte sich der Bär neben ihn, aber er war auch müde und rief den Wolf und sprach: »Lege dich neben mich, ich muss ein wenig schlafen, und wenn was kommt, so wecke mich auf.« Da legte sich der Wolf neben ihn, aber er war auch müde und rief den Fuchs und sprach: »Lege dich neben mich, ich muss ein wenig schlafen, und wenn was kommt, so wecke mich auf.« Da legte sich der Fuchs neben ihn, aber er war auch müde, rief den Hasen und sprach: »Lege dich neben mich, ich muss ein wenig schlafen, und wenn was kommt, so wecke mich auf.« Da setzte sich der Hase neben ihn, aber der arme Has war auch müde und hatte niemand, den er zur Wache herbeirufen konnte, und schlief ein. Da schlief nun die Königstochter, der Jäger, der Löwe, der Bär, der Wolf, der Fuchs und der Has, und schliefen alle einen festen Schlaf.

Der Marschall aber, der von Weitem hatte zuschauen sollen, als er den Drachen nicht mit der Jungfrau fortfliegen sah und alles auf dem Berg ruhig ward, nahm sich ein Herz und stieg hinauf. Da lag der Drache zerstückt und zerrissen auf der Erde und nicht weit davon die Königstochter und ein Jäger mit seinen Tieren, die waren alle in tiefen Schlaf versunken. Und weil er bös und gottlos war, so nahm er sein Schwert und hieb dem Jäger das Haupt ab und fasste die Jungfrau auf den Arm und trug sie den Berg hinab. Da erwachte sie und erschrak, aber der Marschall sprach: »Du bist in meinen Händen, du sollst sagen, dass ich es gewesen bin, der den Drachen getötet hat.« »Das kann ich nicht«, antwortete sie, »denn ein Jäger mit seinen Tieren hat's getan.« Da zog er sein Schwert und drohte sie zu töten, wo sie ihm nicht gehorchte, und zwang sie damit, dass sie es versprach. Darauf brachte er sie vor den König, der sich vor Freuden nicht zu lassen wusste, als er sein liebes Kind wieder lebend erblickte, das er von dem Untier zerrissen glaubte. Der Marschall sprach zu ihm: »Ich habe den Drachen getötet und die Jungfrau und das ganze Reich befreit, darum fordere ich sie zur Gemahlin, so wie es zugesagt ist.« Der König fragte die Jungfrau: »Ist das wahr, was er spricht?« »Ach ja«, antwortete sie, »es muss wohl wahr sein. Aber ich halte mir aus, dass erst über Jahr und Tag die Hochzeit gefeiert wird«, denn sie dachte in der Zeit etwas von ihrem lieben Jäger zu hören.

Auf dem Drachenberg aber lagen noch die Tiere neben ihrem toten Herrn und schliefen, da kam eine große Hummel und setzte sich dem Hasen auf die Nase, aber der Hase wischte sie mit der Pfote ab und schlief weiter. Die Hummel kam zum zweiten Mal, aber der Hase wischte sie wieder ab und schlief fort. Da kam sie zum dritten Mal und stach ihn in die Nase, dass er aufwachte. Sobald der Hase wach war, weckte er den Fuchs, und der Fuchs den Wolf, und der Wolf den Bär, und der Bär den Löwen. Und als der Löwe aufwachte und sah, dass die Jungfrau fort war und sein Herr tot, fing er an, fürchterlich zu brüllen und rief: »Wer hat das vollbracht? Bär, warum hast du mich nicht geweckt?« Der Bär fragte den Wolf: »Warum hast du mich nicht geweckt?« Und der Wolf den Fuchs: »Warum hast du mich nicht geweckt?« Und der Fuchs den Hasen: »Warum hast du mich nicht geweckt?« Der arme Has wusste allein nichts zu antworten und die Schuld blieb auf ihm hängen. Da wollten sie über ihn herfallen, aber er bat und sprach: »Bringt mich nicht um, ich will unsern Herrn wieder lebendig machen. Ich weiß einen Berg, da wächst eine Wurzel, wer die im Mund hat, der wird von aller Krankheit und allen Wunden geheilt. Aber der Berg liegt zweihundert Stunden von hier.« Sprach der Löwe: »In vierundzwanzig Stunden musst du hin- und hergelaufen sein und die Wurzel mitbringen.« Da sprang der Hase fort und in vierundzwanzig Stunden war er zurück und brachte die Wurzel mit. Der Löwe setzte dem Jäger den Kopf wieder an und der Hase steckte ihm die Wurzel in den Mund, alsbald fügte sich alles wieder zusammen und das Herz schlug und das Leben kehrte zurück. Da erwachte der Jäger und erschrak, als er die Jungfrau nicht mehr sah, und dachte: Sie ist wohl fortgegangen, während ich schlief, um mich loszuwerden. Der Löwe hatte in der großen Eile seinem Herrn den Kopf verkehrt aufgesetzt, der aber merkte es nicht bei seinen traurigen Gedanken an die Königstochter. Erst zu Mittag, als er etwas essen wollte, da sah er, dass ihm der Kopf nach dem Rücken zu stand, konnte es nicht begreifen und fragte die Tiere, was ihm im Schlaf widerfahren wäre? Da erzählte ihm der Löwe, dass sie auch alle aus Müdigkeit eingeschlafen wären und beim Erwachen hätten sie ihn tot gefunden mit abgeschlagenem Haupte, der Hase hätte die Lebenswurzel geholt, er aber in der Eil den Kopf verkehrt gehalten; doch wollte er seinen Fehler wiedergutmachen. Dann riss er dem Jäger den Kopf wieder ab, drehte ihn herum und der Hase heilte ihn mit der Wurzel fest.

Der Jäger aber war traurig, zog in der Welt herum und ließ seine Tiere vor den Leuten tanzen. Es trug sich zu, dass er gerade nach Verlauf eines Jahres wieder in dieselbe Stadt kam, wo er die Königstochter vom Drachen erlöst hatte, und die Stadt war diesmal ganz mit rotem Scharlach ausgehängt. Da sprach er zum Wirt: »Was will das sagen? Vorm Jahr war die Stadt mit schwarzem Flor überzogen, was soll heute der rote Scharlach?« Der Wirt antwortete: »Vorm Jahr sollte unsers Königs Tochter dem Drachen ausgeliefert werden, aber der Marschall hat mit ihm gekämpft und ihn getötet, und da soll morgen ihre Vermählung gefeiert werden; darum war die Stadt damals mit schwarzem Flor zur Trauer und ist heute mit rotem Scharlach zur Freude ausgehängt.«

Am andern Tag, wo die Hochzeit sein sollte, sprach der Jäger um die Mittagszeit zum Wirt: »Glaubt Er wohl, Herr Wirt, dass ich heut Brot von des Königs Tisch hier bei Ihm essen will?« »Ja«, sprach der Wirt, »da wollt ich doch noch hundert Goldstücke dransetzen, dass das nicht wahr ist.« Der Jäger nahm die Wette an und setzte einen Beutel mit ebenso viel Goldstücken dagegen. Dann rief er den Hasen und sprach: »Geh hin, lieber Springer, und hol mir von dem Brot, das der König isst.« Nun war das Häslein das Geringste und konnte es keinem andern wieder auftragen, sondern musste sich selbst auf die Beine machen. Ei, dachte es, wann ich so allein durch die Straßen springe, da werden die Metzgerhunde hinter mir drein sein. Wie es dachte, so geschah es auch, und die Hunde kamen hinter ihm drein und wollten ihm sein gutes Fell flicken. Es sprang aber, hast du nicht gesehen! Und flüchtete sich in ein Schilderhaus, ohne dass es der Soldat gewahr wurde. Da kamen die Hunde und wollten es heraushaben, aber der Soldat verstand keinen Spaß und schlug mit dem Kolben drein, dass sie schreiend und heulend fortliefen. Als der Hase merkte, dass die Luft rein war, sprang er zum Schloss hinein und gerade zur Königstochter, setzte sich unter ihren Stuhl und kratzte sie am Fuß. Da sagte sie: »Willst du fort!«, und meinte, es wäre ihr Hund. Der Hase kratzte zum zweiten Mal am Fuß, da sagte sie wieder: »Willst du fort!«, und meinte, es wäre ihr Hund. Aber der Hase ließ sich nicht irremachen und kratzte zum dritten Mal, da guckte sie herab und erkannte den Hasen an seinem Halsband. Nun nahm sie ihn auf ihren Schoß, trug ihn in ihre Kammer und sprach: »Lieber Hase, was willst du?« Antwortete er: »Mein Herr, der den Drachen getötet hat, ist hier und schickt mich, ich soll um ein Brot bitten, wie es der König isst.« Da war sie voll Freude und ließ den Bäcker kommen und befahl ihm, ein Brot zu bringen, wie es der König aß. Sprach das Häslein: »Aber der Bäcker muss mir's auch hintragen, damit mir die Metzgerhunde nichts tun.« Der Bäcker trug es ihm bis an die Türe der Wirtsstube, da stellte sich der Hase auf die Hinterbeine, nahm alsbald das Brot in die Vorderpfoten und brachte es seinem Herrn. Da sprach der Jäger: »Sieht Er, Herr Wirt, die hundert Goldstücke sind mein.« Der Wirt wunderte sich, aber der Jäger sagte weiter: »Ja, Herr Wirt, das Brot hätt ich, nun will ich aber auch von des Königs Braten essen.« Der Wirt sagte: »Das möchte ich sehen«, aber wetten wollte er nicht mehr. Rief der Jäger den Fuchs und sprach: »Mein Füchslein, geh hin und hol mir Braten, wie ihn der König isst.« Der Rotfuchs wusste die Schliche besser, ging an den Ecken und durch die Winkel, ohne dass ihn ein Hund sah, setzte sich unter der Königstochter Stuhl und kratzte an ihrem Fuß. Da sah sie herab und erkannte den Fuchs am Halsband, nahm ihn mit in ihre Kammer und sprach: »Lieber Fuchs, was willst du?« Antwortete er: »Mein Herr, der den Drachen getötet hat, ist hier und schickt mich, ich soll bitten um einen Braten, wie ihn der König isst.« Da ließ sie den Koch kommen, der musste einen Braten, wie ihn der König aß, anrichten und dem Fuchs bis an die Türe tragen; da nahm ihm der Fuchs die Schüssel ab, wedelte mit seinem Schwanz erst die Fliegen weg, die sich auf den Braten gesetzt hatten, und brachte ihn dann seinem Herrn. »Sieht Er, Herr Wirt«, sprach der Jäger, »Brot und Fleisch ist da, nun will ich auch Zugemüs essen, wie es der König isst.« Da rief er den Wolf und sprach: »Lieber Wolf, geh hin und hol mir Zugemüs, wie's der König isst.« Da ging der Wolf geradezu ins Schloss, weil er sich vor niemand fürchtete, und als er in der Königstochter Zimmer kam, da zupfte er sie hinten am Kleid, dass sie sich umschauen musste. Sie erkannte ihn am Halsband und nahm ihn mit in ihre Kammer und sprach: »Lieber Wolf, was willst du?« Antwortete er: »Mein Herr, der den Drachen getötet hat, ist hier, ich soll bitten um ein Zugemüs, wie es der König isst.« Da ließ sie den Koch kommen, der musste ein Zugemüs bereiten, wie es der König aß, und musste es dem Wolf bis vor die Türe tragen, da nahm ihm der Wolf die Schüssel ab und brachte sie seinem Herrn.

»Sieht Er, Herr Wirt«, sprach der Jäger, »nun hab ich Brot, Fleisch und Zugemüs, aber ich will auch Zuckerwerk essen, wie es der König isst.« Rief er den Bären und sprach: »Lieber Bär, du leckst doch gern etwas Süßes, geh hin und hol mir Zuckerwerk, wie's der König isst.« Da trabte der Bär nach dem Schlosse und ging ihm jedermann aus dem Wege. Als er aber zu der Wache kam, hielt sie die Flinten vor und wollte ihn nicht ins königliche Schloss lassen. Aber er hob sich in die Höhe und gab mit seinen Tatzen links und rechts ein paar Ohrfeigen, dass die ganze Wache zusammenfiel, und darauf ging er geradewegs zu der Königstochter, stellte sich hinter sie und brummte ein wenig. Da schaute sie rückwärts und erkannte den Bären und hieß ihn mitgehn in ihre Kammer und sprach: »Lieber Bär, was willst du?« Antwortete er: »Mein Herr, der den Drachen getötet hat, ist hier, ich soll bitten um Zuckerwerk, wie's der König isst.« Da ließ sie den Zuckerbäcker kommen, der musste Zuckerwerk backen, wie's der König aß, und dem Bären vor die Türe tragen. Da leckte der Bär erst die Zuckererbsen auf, die heruntergerollt waren, dann stellte er sich aufrecht, nahm die Schüssel und brachte sie seinem Herrn. »Sieht Er, Herr Wirt«, sprach der Jäger, »nun habe ich Brot, Fleisch, Zugemüs und Zuckerwerk, aber ich will auch Wein trinken, wie ihn der König trinkt.« Er rief seinen Löwen herbei und sprach: »Lieber Löwe, du trinkst dir doch gerne einen Rausch, geh und hol mir Wein, wie ihn der König trinkt.« Da schritt der Löwe über die Straße und die Leute liefen vor ihm, und als er an die Wache kam, wollte sie den Weg sperren, aber er brüllte nur einmal, so sprang alles fort. Nun ging der Löwe vor das königliche Zimmer und klopfte mit seinem Schweif an die Türe. Da kam die Königstochter heraus und wäre fast über den Löwen erschrocken, aber sie erkannte ihn an dem goldenen Schloss von ihrem Halsbande und hieß ihn mit in ihre Kammer gehen und sprach: »Lieber Löwe, was willst du?« Antwortete er: »Mein Herr, der den Drachen getötet hat, ist hier, ich soll bitten um Wein, wie ihn der König trinkt.« Da ließ sie den Mundschenk kommen, der sollte dem Löwen Wein geben, wie ihn der König tränke. Sprach der Löwe: »Ich will mitgehen und sehen, dass ich den rechten kriege.« Da ging er mit dem Mundschenk hinab, und als sie unten hinkamen, wollte ihm dieser von dem gewöhnlichen Wein zapfen, wie ihn des Königs Diener tranken, aber der Löwe sprach: »Halt! Ich will den Wein erst versuchen«, zapfte sich ein halbes Maß und schluckte es auf einmal hinab. »Nein«, sagte er, »das ist nicht der rechte.« Der Mundschenk sah ihn schief an, ging aber und wollte ihm aus einem andern Fass geben, das für des Königs Marschall war. Sprach der Löwe: »Halt! Erst will ich den Wein versuchen«, zapfte sich ein halbes Maß und trank es: »Der ist besser, aber noch nicht der rechte.« Da ward der Mundschenk bös und sprach: »Was so ein dummes Vieh vom Wein verstehen will!« Aber der Löwe gab ihm einen Schlag hinter die Ohren, dass er unsanft zur Erde fiel, und als er sich wieder aufgemacht hatte, führte er den Löwen ganz stillschweigens in einen kleinen besonderen Keller, wo des Königs Wein lag, von dem sonst kein Mensch zu trinken bekam. Der Löwe zapfte sich erst ein halbes Maß und versuchte den Wein, dann sprach er: »Das kann von dem rechten sein«, und hieß den Mundschenk sechs Flaschen füllen. Nun stiegen sie herauf, wie der Löwe aber aus dem Keller ins Freie kam, schwankte er hin und her und war ein wenig trunken und der Mundschenk musste ihm den Wein bis vor die Türe tragen, da nahm der Löwe den Henkelkorb in das Maul und brachte ihn seinem Herrn. Sprach der Jäger: »Sieht Er, Herr Wirt, da hab ich Brot, Fleisch, Zugemüs, Zuckerwerk und Wein, wie es der König hat, nun will ich mit meinen Tieren Mahlzeit halten«, und setzte sich hin, aß und trank und gab dem Hasen, dem Fuchs, dem Wolf, dem Bär und dem Löwen auch davon zu essen und zu trinken und war guter Dinge, denn er sah, dass ihn die Königstochter noch lieb hatte. Und als er Mahlzeit gehalten hatte, sprach er: »Herr Wirt, nun hab ich gegessen und getrunken, wie der König isst und trinkt, jetzt will ich an des Königs Hof gehen und die Königstochter heiraten.« Fragte der Wirt: »Wie soll das zugehen, da sie schon einen Bräutigam hat und heute die Vermählung gefeiert wird?« Da zog der Jäger das Taschentuch heraus, das ihm die Königstochter auf dem Drachenberg gegeben hatte und worin die sieben Zungen des Untiers eingewickelt waren, und sprach: »Dazu soll mir helfen, was ich da in der Hand halte.« Da sah der Wirt das

Tuch an und sprach: »Wenn ich alles glaube, so glaube ich das nicht und will wohl Haus und Hof dransetzen.« Der Jäger aber nahm einen Beutel mit tausend Goldstücken, stellte ihn auf den Tisch und sagte: »Das setze ich dagegen.«

Nun sprach der König an der königlichen Tafel zu seiner Tochter: »Was haben die wilden Tiere alle gewollt, die zu dir gekommen und in mein Schloss ein und aus gegangen sind?« Da antwortete sie: »Ich darf's nicht sagen, aber schickt hin und lasst den Herrn dieser Tiere holen, so werdet Ihr wohl tun.« Der König schickte einen Diener ins Wirtshaus und ließ den fremden Mann einladen, und der Diener kam gerade, wie der Jäger mit dem Wirt gewettet hatte. Da sprach er: »Sieht Er, Herr Wirt, da schickt der König einen Diener und lässt mich einladen, aber ich gehe so noch nicht.« Und zu dem Diener sagte er: »Ich lasse den Herrn König bitten, dass er mir königliche Kleider schickt, einen Wagen mit sechs Pferden und Diener, die mir aufwarten.« Als der König die Antwort hörte, sprach er zu seiner Tochter: »Was soll ich tun?« Sagte sie: »Lasst ihn holen, wie er's verlangt, so werdet Ihr wohl tun.« Da schickte der König königliche Kleider, einen Wagen mit sechs Pferden und Diener, die ihm aufwarten sollten. Als der Jäger sie kommen sah, sprach er: »Sieht Er, Herr Wirt, nun werde ich abgeholt, wie ich es verlangt habe«, und zog die königlichen Kleider an, nahm das Tuch mit den Drachenzungen und fuhr zum König. Als ihn der König kommen sah, sprach er zu seiner Tochter: »Wie soll ich ihn empfangen?« Antwortete sie: »Geht ihm entgegen, so werdet Ihr wohl tun.« Da ging ihm der König entgegen und führte ihn herauf und seine Tiere folgten ihm nach. Der Marschall saß auf der andern Seite, als Bräutigam, aber der kannte ihn nicht mehr. Nun wurden gerade die sieben Häupter des Drachen zur Schau aufgetragen und der König sprach: »Die sieben Häupter hat der Marschall dem Drachen abgeschlagen, darum geb ich ihm heute meine Tochter zur Gemahlin.« Da stand der Jäger auf, öffnete die sieben Rachen und sprach: »Wo sind die sieben Zungen des Drachen?« Da erschrak der Marschall, ward bleich und wusste nicht, was er antworten sollte, endlich sagte er in der Angst: »Drachen haben keine Zungen.« Sprach der Jäger: »Die Lügner sollten keine haben, aber die Drachenzungen sind das Wahrzeichen des Siegers«, und wickelte das Tuch auf, da lagen sie alle siebene darin, und dann steckte er jede Zunge in den Rachen, in den sie gehörte, und sie passte genau. Darauf nahm er das Tuch, in welches der Name der Königstochter gestickt war, und zeigte es der Jungfrau und fragte sie, wem sie es gegeben hätte, da antwortete sie: »Dem, der den Drachen getötet hat.« Und dann rief er sein Getier, nahm jedem das Halsband und dem Löwen das goldene Schloss ab und zeigte es der Jungfrau und fragte, wem es angehörte. Antwortete sie: »Das Halsband und das goldene Schloss waren mein, ich habe es unter die Tiere verteilt, die den Drachen besiegen halfen.« Da sprach der Jäger: »Als ich müde von dem Kampf geruht und geschlafen habe, da ist der Marschall gekommen und hat mir den Kopf abgehauen. Dann hat er die Königstochter fortgetragen und vorgegeben, er sei es gewesen, der den Drachen getötet habe; und dass er gelogen hat, beweise ich mit den Zungen, dem Tuch und dem Halsband.« Und dann erzählte er, wie ihn seine Tiere durch eine wunderbare Wurzel geheilt hätten und dass er ein Jahr lang mit ihnen herumgezogen und endlich wieder hierhergekommen wäre, wie er den Betrug des Marschalls durch die Erzählung des Wirtes erfahren hätte. Da fragte der König seine Tochter: »Ist es wahr, dass dieser den Drachen getötet hat?« Da antwortete sie: »Ja, es ist wahr. Jetzt darf ich die Schandtat des Marschalls offenbaren, weil sie ohne mein Zutun an den Tag gekommen ist, denn er hat mir das Versprechen zu schweigen abgezwungen. Darum aber habe ich mir ausgehalten, dass erst in Jahr und Tag die Hochzeit sollte gefeiert werden.« Da ließ der König zwölf Ratsherrn rufen, die sollten über den Marschall Urteil sprechen, und die urteilten, dass er müsste von vier Ochsen zerrissen werden. Also war der Marschall gerichtet, der König aber übergab seine Tochter dem Jäger und ernannte ihn zu seinem Statthalter im ganzen Reich. Die Hochzeit ward mit großen Freuden gefeiert und der junge König ließ seinen Vater und Pflegevater holen und überhäufte sie mit Schätzen. Den Wirt vergaß er auch nicht und ließ ihn kommen und sprach zu ihm: »Sieht Er, Herr Wirt, die Königstochter habe ich geheiratet und sein

Haus und Hof sind mein.« Sprach der Wirt, ja, das wäre nach den Rechten. Der junge König aber sagte: »Es soll nach Gnaden gehen. Haus und Hof soll Er behalten und die tausend Goldstücke schenke ich Ihm noch dazu.«

Nun waren der junge König und die junge Königin guter Dinge und lebten vergnügt zusammen. Er zog oft hinaus auf die Jagd, weil das seine Freude war, und die treuen Tiere mussten ihn begleiten. Es lag aber in der Nähe ein Wald, von dem hieß es, er wäre nicht geheuer und wäre einer erst darin, so käm er nicht leicht wieder heraus. Der junge König hatte aber große Lust darin zu jagen und ließ dem alten König keine Ruhe, bis er es ihm erlaubte. Nun ritt er mit einer großen Begleitung aus, und als er zu dem Wald kam, sah er eine schneeweiße Hirschkuh darin und sprach zu seinen Leuten: »Haltet hier, bis ich zurückkomme, ich will das schöne Wild jagen«, und ritt ihm nach in den Wald hinein und nur seine Tiere folgten ihm. Die Leute hielten und warteten bis Abend, aber er kam nicht wieder. Da ritten sie heim und erzählten der jungen Königin: »Der junge König ist im Zauberwald einer weißen Hirschkuh nachgejagt und ist nicht wiedergekommen.« Da war sie in großer Besorgnis um ihn. Er war aber dem schönen Wild immer nachgeritten und konnte es niemals einholen; wenn er meinte, es wäre schussrecht, so sah er es gleich wieder in weiter Ferne dahinspringen, und endlich verschwand es ganz. Nun merkte er, dass er tief in den Wald hineingeraten war, nahm sein Horn und blies, aber er bekam keine Antwort, denn seine Leute konnten's nicht hören. Und da auch die Nacht einbrach, sah er, dass er diesen Tag nicht heimkommen könnte, stieg ab, machte sich bei einem Baum ein Feuer an und wollte dabei übernachten. Als er bei dem Feuer saß und seine Tiere sich auch neben ihn gelegt hatten, deuchte ihn, als hörte er eine menschliche Stimme. Er schaute umher, konnte aber nichts bemerken. Bald darauf hörte er wieder ein Ächzen wie von oben her, da blickte er in die Höhe und sah ein altes Weib auf dem Baum sitzen, das jammerte in einem fort: »Hu, hu, hu, was mich friert!« Sprach er: »Steig herab und wärme dich, wenn dich friert.« Sie aber sagte: »Nein, deine Tiere beißen mich.« Antwortete er: »Sie tun dir nichts, altes Mütterchen, komm nur herunter.« Sie war aber eine Hexe und sprach: »Ich will dir eine Rute von dem Baum herabwerfen, wenn du sie damit auf den Rücken schlägst, tun sie mir nichts.« Da warf sie ihm ein Rütlein herab und er schlug sie damit, alsbald lagen sie still und waren in Stein verwandelt. Und als die Hexe vor den Tieren sicher war, sprang sie herunter und rührte auch ihn mit einer Rute an und verwandelte ihn in Stein. Darauf lachte sie und schleppte ihn und die Tiere in einen Graben, wo schon mehr solcher Steine lagen.

Als aber der junge König gar nicht wiederkam, ward die Angst und Sorge der Königin immer größer. Nun trug sich zu, dass gerade in dieser Zeit der andere Bruder, der bei der Trennung gen Osten gewandelt war, in das Königreich kam. Er hatte einen Dienst gesucht und keinen gefunden, war dann herumgezogen hin und her und hatte seine Tiere tanzen lassen. Da fiel ihm ein, er wollte einmal nach dem Messer sehen, das sie bei ihrer Trennung in einen Baumstamm gestoßen hatten, um zu erfahren, wie es seinem Bruder ginge. Wie er dahin kam, war seines Bruders Seite halb verrostet und halb war sie noch blank. Da erschrak er und dachte: Meinem Bruder muss ein großes Unglück zugestoßen sein, doch kann ich ihn vielleicht noch retten, denn die Hälfte des Messers ist noch blank. Er zog mit seinen Tieren gen Westen, und als er in das Stadttor kam, trat ihm die Wache entgegen und fragte, ob sie ihn bei seiner Gemahlin melden sollte. Die junge Königin wäre schon seit ein paar Tagen in großer Angst über sein Ausbleiben und fürchtete, er wäre im Zauberwald umgekommen. Die Wache nämlich glaubte nicht anders, als er wäre der junge König selbst, so ähnlich sah er ihm und hatte auch die wilden Tiere hinter sich laufen. Da merkte er, dass von seinem Bruder die Rede war, und dachte: Es ist das Beste, ich gebe mich für ihn aus, so kann ich ihn wohl leichter erretten. Also ließ er sich von der Wache ins Schloss begleiten und ward mit großen Freuden empfangen. Die junge Königin meinte nicht anders, als es wäre ihr Gemahl, und fragte ihn, warum er so lange ausgeblieben wäre. Er antwortete: »Ich habe mich in einem Walde verirrt und konnte mich nicht eher wieder herausfinden.« Abends ward er in das königliche Bette gebracht, aber er legte ein zweischneidiges Schwert zwischen sich und die junge Königin. Sie wusste nicht, was das heißen sollte, getraute aber nicht zu fragen.

Da blieb er ein paar Tage und erforschte derweil alles, wie es mit dem Zauberwald beschaffen war, endlich sprach er: »Ich muss noch einmal dort jagen.« Der König und die junge Königin wollten es ihm ausreden, aber er bestand darauf und zog mit großer Begleitung hinaus. Als er in den Wald gekommen war, erging es ihm wie seinem Bruder, er sah eine weiße Hirschkuh und sprach zu seinen Leuten: »Bleibt hier und wartet, bis ich wiederkomme, ich will das schöne Wild jagen«, ritt in den Wald hinein und seine Tiere liefen ihm nach. Aber er konnte die Hirschkuh nicht einholen und geriet so tief in den Wald, dass er darin übernachten musste. Und als er ein Feuer angemacht hatte, hörte er über sich ächzen: »Hu, hu, hu, wie mich friert!« Da schaute er hinauf und es saß dieselbe Hexe oben im Baum. Sprach er: »Wenn dich friert, so komm herab, altes Mütterchen, und wärme dich.« Antwortete sie: »Nein, deine Tiere beißen mich.« Er aber sprach: »Sie tun dir nichts.« Da rief sie: »Ich will dir eine Rute hinabwerfen, wenn du sie damit schlägst, so tun sie mir nichts.« Wie der Jäger das hörte, traute er der Alten nicht und sprach: »Meine Tiere schlag ich nicht, komm du herunter oder ich hol dich.« Da rief sie: »Was willst du wohl? Du tust mir noch nichts.« Er aber antwortete: »Kommst du nicht, so schieß ich dich herunter.« Sprach sie: »Schieß nur zu, vor deinen Kugeln fürchte ich mich nicht.« Da legte er an und schoss nach ihr, aber die Hexe war fest gegen alle Bleikugeln, lachte, dass es gellte, und rief: »Du sollst mich noch nicht treffen.« Der Jäger wusste Bescheid, riss sich drei silberne Knöpfe vom Rock und lud sie in die Büchse, denn dagegen war ihre Kunst umsonst, und als er losdrückte, stürzte sie gleich mit Geschrei herab. Da stellte er den Fuß auf sie und sprach: »Alte Hexe, wenn du nicht gleich gestehst, wo mein Bruder ist, so pack ich dich auf mit beiden Händen und werfe dich ins Feuer.« Sie war in großer Angst, bat um Gnade und sagte: »Er liegt mit seinen Tieren versteinert in einem Graben.« Da zwang er sie mit hinzugehen, drohte ihr und sprach: »Alte Meerkatze, jetzt machst du meinen Bruder und alle Geschöpfe, die hier liegen, lebendig, oder du kommst ins Feuer.« Sie nahm eine Rute und rührte die Steine an, da wurde sein Bruder mit den Tieren wieder lebendig und viele andere, Kaufleute, Handwerker, Hirten, standen auf, dankten für ihre Befreiung und zogen heim. Die Zwillingsbrüder aber, als sie sich wiedersahen, küssten sich und freuten sich von Herzen. Dann griffen sie die Hexe, banden sie und legten sie ins Feuer, und als sie verbrannt war, da tat sich der Wald von selbst auf und war licht und hell und man konnte das königliche Schloss auf drei Stunden Wegs sehen.

Nun gingen die zwei Brüder zusammen nach Haus und erzählten einander auf dem Weg ihre Schicksale. Und als der Jüngste sagte, er wäre an des Königs Statt Herr im ganzen Lande, sprach der andere: »Das hab ich wohl gemerkt, denn als ich in die Stadt kam und für dich angesehen ward, da geschah mir alle königliche Ehre. Die junge Königin hielt mich für ihren Gemahl und ich musste an ihrer Seite essen und in deinem Bett schlafen.« Wie das der andere hörte, ward er so eifersüchtig und zornig, dass er sein Schwert zog und seinem Bruder den Kopf abschlug. Als dieser aber tot dalag und er sein rotes Blut fließen sah, reute es ihn gewaltig. »Mein Bruder hat mich erlöst«, rief er aus, »und ich habe ihn dafür getötet!«, und jammerte laut. Da kam sein Hase und erbot sich, von der Lebenswurzel zu holen, sprang fort und brachte sie noch zu rechter Zeit. Und der Tote ward wieder ins Leben gebracht und merkte gar nichts von der Wunde.

Darauf zogen sie weiter und der Jüngste sprach: »Du siehst aus wie ich, hast königliche Kleider an wie ich und die Tiere folgen dir nach wie mir. Wir wollen zu den entgegengesetzten Toren eingehen und von zwei Seiten zugleich beim alten König anlangen.« Also trennten sie sich und bei dem alten König kam zu gleicher Zeit Wache von dem einen und dem andern Tore und meldete, der junge König mit den Tieren wäre von der Jagd angelangt. Sprach der König: »Es ist nicht möglich, die Tore liegen eine Stunde weit auseinander.« Indem aber kamen von zwei Seiten die beiden Brüder in den Schlosshof hinein und stiegen beide herauf. Da sprach der König zu seiner Tochter: »Sag an, welcher ist dein Gemahl? Es sieht einer aus wie der andere, ich kann's nicht wissen.« Sie war da in großer Angst und konnte es nicht sagen, endlich fiel ihr das Halsband ein, das sie den Tieren gegeben hatte, suchte und fand an dem einen Löwen ihr goldenes Schlösschen. Da rief sie vergnügt: »Der, dem dieser Löwe nachfolgt, der ist mein rechter Gemahl.« Da lachte der junge König und sagte: »Ja, das ist der rechte«, und sie setzten sich zusammen zu Tisch, aßen und tranken und waren fröhlich. Abends, als der junge König zu Bett ging, sprach seine Frau: »Warum hast du die vorigen Nächte immer ein zweischneidiges Schwert in unser Bett gelegt, ich habe geglaubt, du wolltest mich totschlagen.« Da erkannte er, wie treu sein Bruder gewesen war.

Dieses Märchen der Brüder Grimm[10] beginnt mit einer großen Gunst des Schicksals, einem Goldvogel von unschätzbarem Wert, der dem armen unter den beiden ungleichen Brüdern sozusagen zufliegt bzw. von ihm gefunden wird. Ein Goldvogel ist Goldes wert, ist kein Goldbarren, sondern etwas Lebendiges, das täglich neu Gold, Wertvolles, im übertragenen Sinne »Glück« bringt. Als Vogel symbolisiert es einen lebendigen Geist, eine beflügelnde Phantasie, eine belebende Einstellung, die bewirkt, dass Leben immer wieder gelingt.

Der arme Besenbinder, der eine der Brüder, ist gutmütig, aber naiv, hat keine Phantasie für das Böse, für den Neid, und erzählt deshalb seinem ohnehin habgierigen Bruder arglos von dem Goldvogel. Der will sofort den ganzen Vogel haben und bekommt ihn auch: Er hat es aber ausdrücklich auf dessen Herz und Leber abgesehen, da er weiß, dass dem, der diese verspeist, das tägliche Goldstück sicher ist. Wer die Innereien hat, hat das Substanzielle eines Wesens, gemäß altem Jägerglauben.

Die eigentlichen Helden dieses Märchens sind aber die beiden Zwillingsbrüder, Söhne des Besenbinders, bei denen die Mutter wieder schmerzlich fehlt – sie wird nirgends erwähnt, und das heißt in den meisten Märchen, dass sie als verstorben gilt. Trotz des großen Mangels, der das Fehlen der Mutter bedeutet, will ihnen das Leben als die Große Mutter Gutes tun. So fallen ihnen in der Küche der Tante, wo der Goldvogel gebraten wird, beim spielerischen Kosten des Bratens, weil der Hunger sie treibt, eben das Herz und die Leber des Goldvogels zu und damit das tägliche künftige Goldstück – sie werden also immer wieder Glück haben. Psychologisch bedeutet dies eine innere Ausstattung oder vielmehr Einstellung, die das Gelingen, das »Glücken« des Lebens fördert. Die Tante deckt die Jungen vor dem Zorn ihres Mannes, sie bleibt aber ansonsten schwach und kann nichts weiter für sie tun.

Eine typische Neidreaktion des Onkels, der wild-wütend über den Verlust von Herz und Leber ist, besteht darin, dass er die vom Glück begünstigten Zwillingsbrüder aus den Augen haben will. Auch nicht untypisch für Neid ist die Reaktion, in der er das Glück, das Gute, das sie gewonnen haben, in etwas Ungutes umzuinterpretieren versucht. Wer Glück hat, stehe mit dem Bösen im Bunde, so suggeriert er dem Vater der Jungen. Auch heute noch wissen die Neider oft darauf anzuspielen, dass es bei denen, die Glück haben, nicht mit rechten Dingen zugehen könne. Wie schwach der Vater der Zwillinge ist, wie abhängig von der Meinung des Bruders, zeigt sich daran, dass er die Kinder, wenn auch »mit traurigem Herzen«, wirklich aussetzt. Hier fehlt eine Mutter, die so etwas nie zulassen würde!

Doch wieder haben sie Glück, meint das Leben als die Große Mutter es gut mit ihnen: Sie finden einen wohlwollenden Pflegevater. Welche Großzügigkeit von ihm, zwei im Wald aufgefundene Jungen aufzunehmen, zu adoptieren, für ihre solide Ausbildung zu Jägern zu sorgen, bis hin zum ersten Freischuss auf die Schneegänse! Als ausgebildete Jäger haben sie bei ihm auch die gesunde, zielsichere Aggressivität erlernt, die ihrem Vater fehlte. Allerdings fehlt auch dem Jäger die Frau. Sie wird nicht genannt, ist wohl verstorben. So sind die Jungen auch hier ohne Mutter groß geworden.

Nun können die Zwillinge als Jäger ihren Lebensunterhalt verdienen, können die Flinte gebrauchen, sich etwas erjagen; doch nicht alles darf geschossen werden. Das lernen sie von den Muttertieren, die Junge haben. Hier begegnet ihnen Mütterliches, doch in instinktiver Tiergestalt, das heißt auch: noch nicht in bewusster Menschengestalt. Es beginnt mit dem Auftauchen der Hasenmutter, die, als sie ins Visier der Jäger gerät, bittend ausruft:

»Lieber Jäger, lass mich leben,
ich will dir auch zwei Junge geben.«

Und wirklich, die Zwillingsbrüder bringen es nicht übers Herz, die beiden rührenden Hasenjungen zu töten, diese allerdings folgen ihnen künftig auf dem Fuße.

So geht's dann weiter mit zwei Füchslein, zwei jungen Wölfen, zwei jungen Bären, ja sogar zwei jungen Löwen, die den beiden Brüdern nun ständig folgen. Man stelle sich dieses Gefolge vor! Die Große Mutter Natur, die zur Ersatzmutter der Jägerszwillinge geworden ist, verwöhnt sie – auch als Mutter und Herrin der Tiere – mit einem starken Schutz und Geleit. Wir dürfen es uns auch so vorstellen, dass in diesen jungen Jägern sich ähnliche Charaktereigenschaften entwickeln, wie diese Tiere sie haben, so z. B. die Klugheit des Fuchses, die Kraft des Bären, der Mut und die Souveränität des Löwen, so dass sie zupacken können wie der Wolf und auch Haken schlagen und sich retten können wie die Hasen. Mutter Natur schenkt den mutterlosen Jungen große Gunst, nachdem sie die beiden auch in das Mitgefühl für die Tiere und alles junge Leben überhaupt eingeweiht hat. Sie hat diese Jäger gelehrt, den Tieren das Leben zu gönnen! Damit hat sie die beiden auch gelehrt, ihre innere Natur, ihre Triebnatur mitleben und sich entwickeln zu lassen und nicht einzelne Züge – etwa die weicheren wie die des Hasen oder die wilderen wie die des Wolfs – in sich selber abzutöten. Es geht hier überhaupt darum, sich dem Leben und allem Lebendigen gegenüber nicht nur als »Jäger«, als Erjagender zu verhalten, sondern als jemand, der damit in Beziehung tritt und Verantwortung übernimmt, so dass sich das jeweils Neue – die schutzbedürftigen Jungtiere! – entwickeln kann.

Das Märchen ist auch ein Entwicklungsmärchen der beiden Zwillinge. Sie finden auf die Dauer keinen Dienst, in dem sie zusammenbleiben könnten, und so kommt die Aufgabe auf sie zu, sich zu trennen. Bei Zwillingen ist dies ein großer Autonomieschritt. Bei ihrer Trennung teilen sie die Tiere untereinander auf, jeder hat nun von jeder Art eines. Sie wollen aber unbedingt weiter miteinander verbunden bleiben, vor allem, falls einer von ihnen in Not geriete. Sie vereinbaren deshalb ein Zeichen, an dem sie einen solchen Fall erkennen könnten – ein häufiges Motiv im Märchen. Hier stoßen sie das Messer, das ihnen der Pflegevater gemeinsam anvertraut hat, in einen Baum: Bleibe es blank, so gehe es dem anderen gut; roste es, so bestehe für ihn Lebensgefahr. Sie hatten keine Mutter von Kindheit auf, aber sie hatten einander, das verbindet sie unverbrüchlich.

Jetzt folgt die Erzählung zuerst dem Schicksal des jüngeren Bruders. Er kommt mit seinen Tieren in eine schwarz verhangene Stadt, also an einen Ort, an dem eine tiefe Depression herrscht, weil ein Drache – ein Allesverschlinger, ein destruktives Prinzip – nun auch noch die letzte junge Frau, das letzte Weibliche, das einmal wieder fruchtbar werden könnte, zu vernichten droht. Dürfen wir – subjektstufig fragend – auch vermuten, dass in dem jungen Jäger selbst eine Stimmung von Depression aufgekommen ist, in der er spürt, dass jetzt alles auf dem Spiel steht und dass es darauf ankommt, in Kontakt mit dem bedrohten Weiblichen zu kommen – den Drachen zu besiegen, der dieses verschlingen will? Zunächst sieht er sich aber samt seinen Tieren von einem großzügigen Wirt aufgenommen und versorgt. Der Löwe bekommt sogar eine Kuh, die gerade auf der Weide ist, zu fressen. Auch hier wird den Ansprüchen der Löwennatur – in ihm! – Rechnung getragen. Der Wirt gehört ebenfalls zum Symbolkreis des Mütterlichen und des Gönnens.

Dann aber fühlt der junge Jäger sich zu seiner ersten Heldentat herausgefordert: einen Drachen zu besiegen. In diesem Land haust nämlich ein Drache, der jährlich eine Jungfrau als Opfer fordert, diesmal ist es die Königstochter. Was können wir unter diesem Drachen verstehen? Uwe Steffen sieht in diesem Drachen »das Böse«, das destruktive Prinzip schlechthin.[11] »Das Böse« – was immer wir darunter verstehen – zeigt sich aber in jeder besonderen Lebenssituation auch in einer entsprechenden konkreten Gestalt. Im Leben des jungen Jägers, dem die Mutter fehlte, könnte es der fehlende Bezug zum Weiblichen sein, der sich im Unbewussten zu einem Komplex verdichtet hat und wie eine dunkle, niederdrückende Wolke auf ihm lastet: Er muss sich auf Leben und Tod damit auseinandersetzen, um das Weibliche in seiner Seele, aber auch eine weibliche Gefährtin für sich, zu befreien.

Von der jungen Frau her gesehen könnte sich in dem Drachen, der nicht in der Tiefe einer Höhle, sondern auf der Höhe eines Berges haust, auch ein negativer Aspekt des Vaterarchetyps, des Vaterkomplexes zeigen: das Bild eines Vaters, der seine Tochter beherrscht, sie nicht freigibt und in diesem Sinne ihr Leben als Opfer fordert. Aus der Perspektive der Tochter – aber auch des Mannes, der die Tochter zu befreien, zu gewinnen sucht – nimmt das Bild eines solchen Vaters dämonisch überhöhte Züge an, wird zum Drachen, zum »herrschenden Bewusstsein«, dem das zukünftige Leben, vor allem aber das Weibliche, geopfert werden soll. Auch in diesem Königreich fehlt die Mutter, an der die

Tochter sich hätte orientieren und die sie gegen den Drachen hätte stärken können. Stattdessen verstärkt das Weibliche, das unbewusst bleibt, den Drachen. Die Situation fordert den jungen Mann zum Äußersten heraus, sie fordert seinen Mut, seine Großmut: Er will den Drachen töten, um die Frau zu retten, auch um sie dann heiraten zu dürfen und damit König, d. h. souverän werden zu können.

Was ihn herausfordert, ist also einerseits sein Sinn für das grobe Unrecht, das an diesem Gemeinwesen geschieht, gleichsam ein Motiv des Tyrannenmords an dem Drachen; sodann sein Wunsch, die unschuldige Königstochter zu retten, ein Helfermotiv der Ritterlichkeit. Hinzu kommt sein innigster Wunsch, die Königstochter zu gewinnen und zu heiraten, ein erotisches Motiv, und damit verbunden seine Hoffnung, König zu werden, also auch innerlich souverän zu werden.

In dieser Situation liegt eine enorme Entwicklungsherausforderung für den jungen Mann. Er vermag sie aber auch nicht aus eigener Kraft zu bewältigen, so erzählt es das Märchen, sondern nur mit Hilfe höherer Gunst und Gnade. Es ist eine fast übermenschliche Aufgabe, die nur der bewältigt, der zugleich lernt, sich Höherem anzuvertrauen. Dafür steht das Kirchlein, in dem sich die drei Becher mit dem Krafttrunk befinden und in dessen Nähe das Wunderschwert vergraben ist, das allein dem Drachen gewachsen ist. Das Schwert symbolisiert immer eine scharf unterscheidende und entscheidende Kraft. Dass es wirklich höherer Gunst und Gnade bedarf, um den Drachen zu töten, zeigt sich daran, dass der junge Mann selbst das Schwert nicht heben kann, ohne zuvor den Krafttrunk einzunehmen, der gleichsam Gotteskraft vermittelt, wie es der sakramentale Wein des Abendmahls tut, an den er entfernt erinnert.

Die Jungfrau kommt schließlich angstvoll und zögernd, von König, Hofmarschall und Höflingen begleitet, auf den Berg und ist doch bereit, sich für das Leben des Volkes, des größeren Ganzen zu opfern. Oben am Berg trifft sie aber zu ihrer Verwunderung nicht den Drachen an, sondern den jungen Jäger, der ihr Trost zuspricht und sie in die Kirche bringt, um sie vor dem Drachen zu schützen.

Dann beginnt der Kampf. Zuerst kommt der Drache mit seinem Feuer, das nur die kraftvollen Tiere des Jägers austreten können. Zweimal schlägt er den Drachen, haut ihm mit dem Schwert jeweils drei Köpfe ab, doch ein letzter Kopf kämpft immer noch weiter. So trennt er dem Untier zuletzt den Schweif ab und seine Tiere können den Drachen in Stücke reißen. Diese dankbaren Tiere! Was wäre er ohne sie. Ohne ihren Mut, Kraft, Klugheit, Schlauheit und ihr Zuschlagenkönnen! In den Tieren, die er aufgrund seines erwachten Mitgefühls mit allem Lebendigen gewonnen hat – obgleich er doch zunächst nur zu jagen lernte – sind hier seine wach und handlungsfähig gewordenen »animalischen Kräfte«, seine »Instinkte« symbolisiert, mit denen er vertraut geworden ist und die das gewaltige unbewusste Drachentier – einen zerstörerisch-verschlingenden Aspekt, besser: Komplex, der vor allem das Weibliche bedroht – zu überwinden vermag.

Auch die Königstochter, aus der Ohnmacht erwacht, erweist sich als außerordentlich dankbar, ihm und auch den Tieren gegenüber. Das zeigt ihre liebenswerte Natur. Er soll ihr Liebster, ihr Gemahl werden, wie versprochen. So schenkt sie ihm ein Tüchlein, in das ihr Name eingestickt ist und in das er die sieben Zungen des Ungeheuers wickelt, da er dabei an deren Beweiskraft denkt, die er vielleicht noch brauchen wird. Hier ist er sehr viel wacher und auf Neid gefasster, als sein Vater es war. Er hat sich diesbezüglich entwickelt. Den Tieren schenkt die Königstochter aus Dankbarkeit ihre eigene Korallenkette als schmückendes und verbindendes Halsband, dem Löwen sogar deren goldenes Schloss. Auch sie verbindet sich mit den instinktiven Kräften.

Nach dem Kampf sinken alle Beteiligten ermattet nieder. Der »Held« in dem Jäger wird vorübergehend aus Ermüdung wieder unbewusst – das gibt dem Neider Raum. Der Jäger und die Königstochter legen sich zur Ruhe, während die Tiere eins nach dem andern einschlafen und jeweils das nächste bitten zu wachen. Schließlich schlafen sie alle. Da naht der neidische Marschall, der alles beobachtet hat, und tötet den Jäger. Der Königstochter, die er noch als Schlafende den Berg hinunterträgt, so dass sie von dem Mord nichts bemerkt, zwingt er unter der Drohung, auch sie sonst zu töten, das Versprechen ab, niemandem zu erzählen, dass nicht er, sondern der Jäger den Drachen getötet habe. Es soll überall verkündet werden, dass er, der Marschall, der Drachentöter gewesen sei.

Der Marschall ist diejenige Figur im Märchen, die sich den Gewinn aus einem Konflikt aneignen will, ohne selbst die innere und äußere Auseinandersetzung geführt zu haben. Er ist die Verkörperung des Neides, der die Frucht einer Entwicklung – die Beziehungsfähigkeit zum Weiblichen – einstreichen möchte, ohne selbst die entsprechenden eigenen Entwicklungsschritte gemacht zu haben. Psychologisch gesehen ist der Marschall gewiss auch die Symbolisierung einer Versuchung, die auch an den Jäger herantreten könnte; er ist gleichsam ein »Schattenbruder« des Jägers, der »haben« möchte, statt zu »sein« (Erich Fromm). Er verkörpert in diesem Märchen das, was in *Frau Holle* die Pechmarie als Schattenschwester der Goldmarie darstellt, er ist nur ungleich bösartiger.

Hier stehen wir wirklich vor einer furchtbaren Konsequenz des Neides: Der Beneidete soll weg, und wenn er getötet werden muss, damit sich der Neider dessen Taten und Errungenschaften bis hin zu dessen Braut aneignen und rühmen kann. Eifersucht ist ja nichts als Neid auf eine Beziehung. So tritt der Marschall nun auch vor den König und behauptet wirklich, er habe den Drachen getötet. Ob das wahr sei, fragt der König seine Tochter, die beklommen antwortet: »Es muss wohl wahr sein.« Aber sie bittet sich aus, dass erst über Jahr und Tag die Hochzeit gefeiert würde, denn sie hofft, in der Zeit wieder etwas von ihrem lieben Jäger hören zu können, von dessen Tod sie ja nichts weiß.

Inzwischen erwachen die Tiere, erregen sich furchtbar über den Tod ihres Herrn und geben sich gegenseitig die Schuld, einander nicht geweckt und nicht genug gewacht zu haben. Am Hasen bleibt's hängen, da er der Letzte war, der einschlief, aber er vermag es auch, seinen Herrn wieder zum Leben zu erwecken. Innerhalb der 24 Stunden, in denen es geschehen muss, vermag er eine Wurzel von einem bestimmten Berg zu beschaffen. Wer diese in den Mund nimmt, der werde von aller Krankheit und von allen Wunden geheilt. So können die Tiere ihrem getöteten Herrn das Haupt wieder aufsetzen. Zwar geschieht es zuerst, der Eile wegen, verkehrt herum. Das heißt wohl, dass der Jäger vorübergehend nicht mehr weiß, »wo ihm der Kopf steht«, was ihm passiert ist. Doch schließlich können sie dies wieder korrigieren. Der Jäger ist wiederhergestellt, er lebt.

Doch der durch die Gunst und Dankbarkeit seiner Tiere, seiner animalischen Kräfte und Instinkte, wiedererweckte Jäger zieht dennoch traurig in der Welt herum, etwas ziellos, da ihm die Königstochter als sein Seelenbild und seine Gefährtin wieder entrissen ist. Er lässt seine Tiere zur Schau überall tanzen, wie in einem Zirkus, bis er gerade nach Verlauf eines Jahres wieder in die Stadt kommt, wo er die Königstochter von dem Drachen erlöst hat: Diesmal aber ist die Stadt mit rotem Scharlach ausgeschlagen, da die Hochzeit der Königstochter mit dem Marschall bevorstehe. Da ist also, wie die Farbe »Scharlach« sagt, etwas »Heißes« im Gange!

Wieder findet er Gastfreundschaft bei dem Wirt, der ihn samt seinen Tieren aufnimmt und ihn informiert, dass die Hochzeit der Königstochter mit dem Marschall vorbereitet werde, da dieser ja den Drachen getötet habe. Der Jäger, in seinem heiligen

Zorn über diese Lüge, findet zu seiner ganzen Entschlossenheit zurück, diesem bösen Streich eines Neiders entgegenzutreten und sich durchzusetzen. Er erinnert sich seiner »animalischen Kräfte«, seiner Instinktsicherheit, der er sich bei jenem »Drachenkampf« bewusst geworden ist, über die er verfügt, und setzt sie ein, mit einer tricksterhaften neuen Qualität, die auch seine inzwischen erwachsene Souveränität erweist. Entsprechend humorvoll und fast übermütig sind seine folgenden Handlungen erzählt. Er ist sich angesichts dieser Herausforderung durch den Neider seines Selbstwerts und seiner Selbstwirksamkeit voll bewusst und dadurch dem Neid und dem Neider gewachsen, ja weit überlegen. An bewusstem Selbstwert prallt jeder Neid ab.

So erinnert er sich an die Fähigkeiten seiner Tiere und wettet mit dem Wirt, er werde Brot von des Königs Tisch besorgen und mit ihm essen – was ihm der Hase auch prompt beschafft. Die Königstochter erkennt den Hasen sofort an dem Halsband, das sie ihm geschenkt hat, gibt ihm das Brot mit und weiß von nun an auch, dass ihr Retter, der geliebte Jäger lebt und nahe ist. Weiter wettet der Jäger mit dem Wirt, dass er auch von des Königs Braten bekommen werde, und schickt den Fuchs aus, den die Königstochter wiederum erkennt. So geht es weiter, so kommt er auch zu dem Zugemüse des Königs, das der Wolf bringt, und zu dem Zuckerwerk, das der Bär holt. Den Wein des Königs schließlich ergattert der Löwe, nachdem er sich sogar eine Weinprobe erbeten und durchgeführt hat. Zuletzt, nachdem er sich an allem gesättigt und gelabt hat – die Große Mutter Leben ersetzt hier durchweg die fehlende Mutter – sagt er zum Wirt: »Jetzt will ich an den Hof gehen und die Königstochter heiraten.« Er sieht ja, wie sie es aufnimmt und freudig wahrnimmt, dass er all seine Instinkte und Emotionen in Gestalt der Tiere vorausgeschickt hat; er erkennt, dass sie ihn liebt.

Psychologisch bedeutet die ganze lange Episode mit den Tieren, dass der Jäger alles braucht, was er – seit der Entwicklung seines Mitgefühls gegenüber den Tieren – an inneren Kräften entdeckt und weiterentwickelt hat, um die scheinbar hoffnungslose Situation, den Verlust der geliebten Frau an einen »falschen« Mann, aufzuwiegen, sie aus dieser Bindung herauszulösen, die vom ahnungslosen – oder auch unbewusst mitspielenden – Vater abgesegnet wurde. Er muss ein ungeheures Potenzial an Hoffnung und findiger Liebe aufbieten und alle Überzeugungskraft dem Betrüger entgegensetzen: das Selbstbewusstsein des Löwen, eine bärenstarke Durchsetzungskraft, das Zupackenkönnen des Wolfes, dazu auch die Schlauheit des Fuchses und die hakenschlagende Diplomatie des Hasen, der zugleich die letzten Möglichkeiten aus dem scheinbar unmöglich Gewordenen herauszuholen vermag. Wer je einen geliebten Menschen aus den Klauen eines tiefen Missverständnisses, aus dem Bann einer falsch verstandenen und falsch abgesegneten Verbindung herauszulösen versuchte, weiß, dass es dabei um ein Äußerstes geht und dass hier nur noch unbesiegbare Zuversicht, Treue zu sich selbst und die aufrichtige Liebe zu jenem Menschen gewinnen können. Jede Art von gekränktem Stolz, Eifersucht und narzisstischer Empfindlichkeit wäre hier verloren, gäbe hier auf. Nur ein gegründetes Selbstwertgefühl und unbeirrbare Bezogenheit auf den geliebten Menschen ist dem Neid gewachsen.

Doch der junge Mann hält das Tuch mit den Drachenzungen, ihr eigenes Tuch, das die Königstochter ihm schenkte, als Zeugnis in der Hand und wettet mit dem Wirt gegen tausend Goldstücke, dass er und die Königstochter heiraten werden. Der völlig verblüffte Wirt setzt in seinem Unglauben sein Haus und seinen Hof für die Wette ein. Symbolisch könnte diese Wette bedeuten, dass hier schließlich doch ein inneres Zwiegespräch in dem nach außen so selbstsicheren Jäger geführt werden muss, dass der Wirt den zweifelnden Aspekt, der Gelingen für unmöglich erklärt, verkörpert, der Jäger aber den selbstwirksamen Aspekt, der es glücken lässt – durch besonnen-siegesgewisses Handeln.

Der Schauplatz der Erzählung wechselt nun an die königliche Tafel: Der König fragt die Tochter, was all die wilden Tiere gewollt hätten, die bei ihnen ein und aus gegangen seien? Sie dürfe es nicht sagen, lasse aber den Herrn dieser Tiere, den Jäger, an die königliche Tafel holen. Der König schickt einen Diener ins Wirtshaus, doch der Jäger kommt nur, wenn er mit königlichen Ehren abgeholt werde, was auf das Drängen der Königstochter hin auch geschieht. Wir sehen, das Selbstwertgefühl des jungen Mannes ist mächtig gewachsen. Er ist bereits souverän, ist innerlich bereits König. Wo unser Selbstwertgefühl intakt ist, erreichen wir viel.

So gelangt der Jäger in hohen Ehren an die königliche Tafel, wo der König mit seiner Tochter und auch der Marschall sitzen. Soeben werden die sieben Drachenhäupter zur Schau aufgetragen, damit deutlich werde, warum die Königstochter dem Marschall zur Frau gegeben wird: da dieser die Drachen getötet und sie damit gerettet haben soll. Da fährt der Jäger dazwischen und weist darauf hin, dass die Drachenhäupter keine Zungen im Maul hätten. Symbolisch ist damit auch gesagt, dass die Drachenköpfe so, wie sie jetzt da liegen, nicht sprechen, kein Zeugnis für die Wahrheit ablegen können. Der Jäger, der die Zungen zum Beweis an sich genommen hat, kann sie damit auch eindeutig für sich sprechen lassen. Die »feurige Zunge« des Drachen ist zugleich dessen Tötungswerkzeug, mit dem er einen Menschen versengen und verschlingen kann. Wer die Zunge hat, hat ihn besiegt. Die Ausrede des Marschalls, Drachen hätten keine Zungen, verfängt nicht, während der Jäger die Zungen auswickelt und vorweisen kann. Es ist »uralter Jägerbrauch«[12], einem erlegten Tier die Zunge herauszuschneiden und so, wie später auch mit dem Kopf und dessen Gehörn, das »Wahrzeichen des Sieges« zu besitzen. Dann lässt der Jäger seine Tiere kommen, und die Königstochter bekennt sich dazu, dass deren Halsbänder aus ihrer eigenen Kette stammen:

»Das Halsband und das goldene Schloss waren mein. Ich habe es unter die Tiere verteilt, die den Drachen besiegen halfen.« Sie bekennt sich voll zu ihm und seiner Tat. Durch das Halsband waren ihr die Tiere verbunden und sie mit den Kräften, die diese verkörpern.

Nun erzählt der Jäger die ganze Geschichte seiner Ermordung, aber auch seiner Wiedererweckung durch die wunderbare Wurzel, die der Hase fand. Der überführte Marschall wird hingerichtet. Wenn ihn die vier Ochsen zerreißen, bedeutet das – als innerpsychischer Vorgang verstanden – »dass der falsche, erpresserische Aspekt [...] zerrissen wird, so wie man Papier zerreißt, wenn es erledigt ist«[13]. Die Hochzeit wird mit großer Freude gefeiert, und der alte König macht den Jäger zu seinem Statthalter im ganzen Reich.

Die Großzügigkeit und Dankbarkeit des jungen Königs zeigt sich darin, dass er seinen Vater und den Pflegevater holen lässt und beide mit Schätzen überhäuft. Dass er an den großzügigen Pflegevater denkt, verwundert nicht, denn er war sein eigentlicher Vater gewesen, dem er die glückliche Wendung seines Lebens verdankt. Nicht weniger wichtig erscheint mir, unter der Perspektive eines gelingenden Lebens, dass er auch den leiblichen Vater, der an ihm versagt hat, wieder einbezieht und integriert. Vielleicht war dieser Vater ja, seit er, dem Rat seines Bruders folgend, die Söhne aussetzte, seines Lebens nicht mehr froh geworden. Der souverän gewordene Sohn schenkt ihm ein versöhntes Alter: Doch wieder wird an dieser Stelle sichtbar, dass in diesem Leben die Mutter fehlt.

Selbst der Wirt, der die Wette verloren hat, bei der er Haus und Hof, also seine ganze Existenz verpfändete, wird von ihm großzügig von seiner Schuld befreit, indem er nicht nur Haus und Hof behalten darf, sondern auch noch die tausend Goldstücke, die der Jäger einsetzte, dazu erhält. Die Wette mit dem Wirt hatte dem Jäger sehr viel Spaß bereitet und Selbstvertrauen gebracht.

Großzügigkeit und Dankbarkeit, die auf einem guten Selbstwertgefühl beruhen, sind die tauglichsten Waffen gegen den Neid. Als der junge König den Wirt also darauf hinweist, dass er die Wette verloren habe und dessen Haus und Hof deshalb sein wären, spricht der Wirt: »Ja, das wäre nach den Rechten.« Der junge König aber sagt: »Es soll nach Gnaden gehen: Haus und Hof soll Er behalten, und die tausend Goldstücke schenke ich Ihm noch dazu.« Das heißt, jemandem etwas gönnen. Der Wirt hatte auch ihm etwas gegönnt.

Fast könnte man meinen, das Märchen müsste hier zu Ende sein. Doch es folgt noch eine sehr wesentliche Szene, die wohl auch mit dem ungelösten Mutterproblem der beiden Brüder zu tun hat. Zudem müssen wir auch noch von dem zweiten, dem älteren Zwillingsbruder hören!

Die Szene beginnt mit der Aussage, dass das junge Paar nun vergnügt zusammenlebt – doch eben die nachlassende Spannung verlockt den Mann zu Neuem. Es beginnt mit dem Jagdbedürfnis des Jägers. Da ist ein Wald, in dem es nicht geheuer ist, aus dem viele nicht zurückkamen. Und gerade dort erspäht er die geheimnisvolle weiße Hirschkuh[14], von der er nicht mehr lassen kann. Ist sie ein faszinierendes, aber noch nicht menschengestaltiges Bild der Seele, ein Sehnsuchtsbild des Weiblichen, noch nicht voll bewusst, auch wenn er inzwischen eine konkrete junge Frau zur Seite hat? Sie führt ihn in die Isolation, die Nacht, zu einem ungelösten Problem hin. Ein Feuer am Baum soll über die Nacht helfen, und immerhin sind seine Tiere bei ihm.

Mythologisch ist die weiße Hirschkuh bekannt als eine faszinierende Seelenführerin, die den, der sie jagen will, in die Tiefen des Waldes, ins Unbewusste führt und verführt. Sie hat eine quasi erotische Anziehungskraft und gilt z. B. bei den Kelten, aber auch bei vielen anderen alten Kulturen als Geleittier der Großen Göttin, die sich zuweilen selbst in die Hirschkuh verwandelt. Als solche führt sie den Jäger unweigerlich ins

Unbewusste, bis ins kollektive Unbewusste hinein, wo er mit Beglückendem, aber auch Bedrückendem konfrontiert werden kann – je nachdem, was da der Bewusstwerdung und Erlösung harrt. Wer der Hirschkuh folgt, wird unweigerlich mit dem konfrontiert, was in der Tiefe seiner Seele unbewusst ruht, was aber jetzt aufgespürt werden will und muss.

Im Leben dieses Jägers wie auch in dem seines Zwillingsbruders fehlte die Mutter, fehlte das Weibliche, das er nicht wirklich kennenlernen und erfahren konnte, von Anfang an und immer wieder neu. Nun begegnet er offenbar dem, was da fehlt und damit auch dem, was dieser Mangel für ihn bedeutet: Das positiv Weibliche hat sich ihm in seiner jungen Frau erschlossen und konkretisiert. Das Negative im Archetyp des Weiblichen begegnet ihm hier. Die fehlende Mutter begegnet ihm zunächst als negativ besetzte weibliche Gestalt, als eine Alte, die jammert, friert und Mitleid erheischt. Das Mütterliche selbst in ihm ist bedürftig, sucht Zuwendung. Der Jäger hört eine menschliche Stimme, ein Ächzen. Da sitzt ein altes Weib im Baum und jammert: »Hu, hu, hu, wie es mich friert.« Er lädt sie sofort ein, sich zu wärmen. Er hat ja – wie sein Adoptivvater, der Jägermeister auch – ein gutes Herz. Sie hat aber etwas gegen seine Tiere, er soll sie zuerst mit einer Rute schlagen, sie bannen, damit sie ihr nichts antäten. Sie möchte, dass er sie auch gegen seinen männlichen Instinkt, gegen seine wachsamen Tiere, von ihrem Baum herunterholt und zu sich ans Feuer lädt.

Der Jäger hat Mitgefühl mit der Alten, doch jetzt gälte es, auch im Mitleid noch zu differenzieren und seinem Instinkt zu folgen, statt ihn auszuschalten, seinem Instinkt, der ihm sagen würde, dass es in diesem Fall um eine Grenzüberschreitung, um eine Annäherung geht, die ihm in dieser Situation auch schaden könnte. Stattdessen schlägt er die bewährten Instinkte nieder, was diese lähmt; und so wird er – instinktlos, wie er geworden ist – samt seinen Tieren durch die Hexe versteinert und in den Graben geworfen. Psychologisch bedeutet dies, dass die nahe Begegnung mit der negativen Seite des Mütterlichen ihn lähmt und alle seine Gefühle und Instinkte blockiert.

Wie können wir uns das vorstellen? Ist er, der jung verheiratete Jäger, hier vielleicht nicht nur der Faszination einer weißen Hirschkuh verfallen, sondern im Bild und Gleichnis dieser Hirschkuh zugleich auch der erotischen Faszination durch sein inneres Sehnsuchtsbild des Weiblichen, das aber noch mit dem unbewussten und unerlösten Mutterbild verwickelt ist – oder auch einem lebendigen weiblichen Wesen? Doch statt dieses Wesen in der Tiefe des Waldes, in der er bereits die Orientierung verloren hat, zu finden, stößt er auf etwas verwunschen Mütterliches, auf eine Hexe, die ihren Bereich im Unbewussten eifersüchtig hütet und den erotisch ergriffenen Jäger versteinert und bannt, wie sie es als die »Erzzauberin« im Märchen *Rapunzel* mit dem Freier des Mädchens tut. In der russischen Variante des Zwei-Brüder-Märchens *Die zwei Soldatensöhne Iwan* ist die Hexe zuerst wirklich ein schönes Mädchen, das sich dann in eine furchtbare Löwin verwandelt, während sie in dem deutschen Märchen *Silberweiß und Lillwacker* die Schwester – wie in anderen Varianten die Mutter oder die Frau – des getöteten Drachen ist. Drache und Hexe sind verschiedene archetypische Bilder für den negativen Aspekt des Unbewussten. Vielleicht ist die Versteinerung auch ein Bild dafür, dass dem Jäger an diesem Abend im Gedanken an seine junge Frau das Gewissen schlägt, weil er einer erotischen Faszination folgte und sich dabei rettungslos verirrt hat. Dadurch könnte diese Sehnsucht – kurz vor der Erfüllung – plötzlich ein negatives Vorzeichen bekommen haben, könnte umgeschlagen sein in etwas, das ihn lähmt und versteinert; in das Bild einer boshaften Hexe.

Um etwas Formgeschichtliches aus der vergleichenden Märchenforschung hier mitzubedenken: Die Episode mit der Hexe existiert auch als Märchen für sich oder kommt in anderen Märchen vor.[15] Auch daraus erklärt sich die hier etwas schwierig zu verstehende Kombination dieser Hexenerscheinung mit der zuvor so sehnsuchtserweckenden Jagd auf die weiße Hirschkuh, bei der man eine Begegnung des Jägers mit einem Wesen aus der Anderswelt erwartet und nicht die mit einer frierenden listigen Alten. Nach Levy-Strauss arbeitet der mythische Erzähler – wie man beim Vergleich von Märchenvarianten erkennen kann – im Bereich seiner Bilder und Symbole mit Bruchstücken und Überresten, mit »Spuren individueller und kollektiver Erinnerungen, oft aus sehr verschiedenen Zeiten, die er zu neuen strukturierten Ganzheiten zu verbinden sucht[16]«. In dem hier vorliegenden, gewiss kombinierten Märchentext *Die zwei Brüder* handelt es sich nun um die Endfassung des Märchens, und diese ist jetzt als solche zu interpretieren, auch wenn dies nicht ganz einfach ist.

Das Verschwinden ihres Mannes löst nun größte Besorgnis bei seiner jungen Frau und am ganzen Königshof aus. Ihr hat er damit wirklich etwas angetan. Zu dieser Zeit kommt der ältere Bruder in dieselbe Stadt, gewarnt von dem halb verrosteten Messer im Baum, ihrer beider Zeichen: Tot erscheint der Bruder noch nicht, aber in großer Gefahr. Schon am Stadttor verwechselt man den etwas Älteren mit seinem Zwillingsbruder, dem Regenten, und will ihn der besorgten Königin melden. Er denkt: »Es ist das Beste, ich gebe mich für ihn aus, so kann ich ihn wohl leichter erretten.« Denn auf diese Weise meint er, am meisten über die Zusammenhänge in diesem Königreich zu erfahren.

Als er von seines Bruders Regierungsmacht und von dessen geliebter Frau erfährt, hätte er, wäre er neidisch gewesen, in diesem Moment alles an sich reißen können. Doch es geht ihm um des Bruders Errettung. So legt er ein Schwert – ein Symbol der scharfen Unterscheidung und Entscheidung – zwischen sich und die junge Königin,[17] als sie ganz selbstverständlich, weil sie ihn für ihren Mann hält, mit ihm auch das Bett teilt. Sie traut sich nicht zu fragen, warum er mit seinem Schwert eine so strenge Scheidewand zwischen ihnen errichtet. Doch sie ist tief irritiert.[18]

Auch der Zwillingsbruder geht auf seiner Suche in den Wald, in dem man den Verschollenen vermutet. Auch er folgt fasziniert der schönen Hirschkuh, trifft auf die Hexe. Er ist jedoch wacher als sein Bruder, gefeiter gegen das Verhexende: Nicht bereit, seine Tiere bis zur Betäubung zu schlagen, droht er vielmehr damit, die Hexe vom Baum zu schießen, tut es schließlich auch, mit den drei Silberknöpfen seiner Weste, die – im Sinne des Märchens – mit der symbolisch weiblichen Qualität des Silbers etwas homöopathisch Apotropäisches (d. h. Unheilabwendendes) gegenüber weiblichem Schadenszauber zu haben scheinen. Er zwingt die Hexe zu sagen, was mit dem Bruder geschehen ist, und ihn samt seinen Tieren – so wie andere, die sie vor ihm verhext hat – aus der Versteinerung zu lösen. Schließlich versuchen die Brüder, die Hexe zu eliminieren, im Feuer vielleicht auch zu wandeln, doch es ist mehr als fraglich, ob das gelingt, ob man so das mit ihr verbundene Problem des nicht oder nur negativ erlebten Mütterlichen lösen kann. Der noch ungelöste negative Mutterkomplex könnte nämlich auch an dem schweren Zwischenfall beteiligt sein, der sich auf dem Rückweg der Brüder aus dem Wald zwischen ihnen noch ereignet: Kaum gerettet von seinem Zwilling, wird der jüngere Bruder von einer Eifersuchtsattacke, einem wilden Affektdurchbruch gegenüber dem Älteren überwältigt – als er erfährt, dass der Bruder im Ehebett neben seiner Frau genächtigt habe. In einem jähen narzisstischen Wutanfall tötet er den Zwillingsbruder. Alle Selbstverständlichkeit, geliebt zu sein, von seiner Frau wie von seinem Bruder, ist in diesem Augenblick für ihn weggebrochen. Er verliert den Boden unter den Füßen, seinen Selbstwert, sein Selbstbild, weiß plötzlich nicht mehr, wer er ist, die Verzweiflung reißt ihn zu dieser Gewalttat hin.

Eifersucht aus Verlust des Selbstwerts kann diejenigen Menschen am gewaltigsten packen und zur Gewalttätigkeit hinreißen, die über keinen genügend tragenden Boden ihres Selbstverständnisses verfügen. Ein wirklich tragendes Selbstwertgefühl wird bei einem Menschen von Kindheit auf vor allem durch eine bejahende und wertschätzende Mutter aufgebaut. Hier jedoch fehlte die Mutter. Immerhin gab es in diesem Leben genügend Kompensation durch den liebevollen Pflegevater, durch die getreuen Tiere, sodass er sofort nach seiner Tat fassungslos und in tiefer Reue vor seinem getöteten Bruder steht. So kann der Hase, der die Lebenswurzel kennt – und der symbolisch für immer neue Lebensmöglichkeiten steht –, auch dieses Mal den Getöteten wiederbeleben, entgegen aller vordergründigen Wahrscheinlichkeit.

Schließlich ziehen die beiden Brüder von zwei verschiedenen Seiten durch die Stadttore ein, auch damit sie von nun an als zwei verschiedene Menschen unterscheidbar werden. Diese Wahrnehmung wiederum versetzt die Königin in größte Verwirrung: Gibt es denn zwei gleiche Varianten von ihrem Mann und von dessen Tieren? Am Halsband des Löwen – dem goldenen Schloss ihrer Korallenkette – erkennt sie schließlich den Rechten, den sie liebt, den Einen, der sie von dem Drachen errettet hat.

Als der jüngere Bruder aber nachts im Ehebett von seiner Frau, der Königin, gefragt wird, warum er denn in den letzten Tagen ein Schwert zwischen sie beide gelegt habe, da erkennt er erst ganz, wie treu, wie vertrauenswürdig sein Bruder wirklich gewesen ist! Dieser hatte sich die Gefahr einer Grenzüberschreitung im Blick auf die Frau seines Bruders bewusst gemacht und konnte sie gerade dadurch vermeiden. Er vermochte seinem Bruder alles zu gönnen, was dieser an Leben und Entwicklung gewonnen hatte. Er partizipierte daran und war von seiner Seite her zu dessen Retter geworden, was auch ihm ein gutes Selbstwertgefühl gegeben haben muss, ihm auch dabei geholfen haben mag, die lebensgefährliche Wutattacke seines Bruders zu verzeihen. Verzeihen ist ja so etwas wie ein Neuerschaffen. Auch kann nur verzeihen, wer um seinen Selbstwert nicht fürchtet, keine Angst hat, sich damit etwas »zu vergeben«. Im Gegenteil: Wer verzeiht, tut vor allem sich selbst etwas Gutes, befreit sich von dem selbstzerstörerischen Gift, das wirkt, solange man sich als ohnmächtiges »Opfer« eines anderen Menschen sieht. Wer verzeiht, erschafft sich selbst als souveränen Menschen und damit auch seinen Bruder neu. In diesem Verzeihen wirkt der ältere Bruder großmütig, und man glaubt ihm die ungewöhnliche Großmut, wenn man sie beide nach diesem Zwischenfall so einträchtig weiterziehen und in die Stadt einziehen sieht.

Beide Brüder aber partizipieren nach wie vor auch an dem Problem einer nicht vorhandenen und deshalb auch noch nicht integrierbaren Mutter. Doch damit endet vorerst das Märchen von den zwei Brüdern, die anfangs den Neid nicht kannten, aber bald unter dessen Auswirkungen gerieten, bis sie ihn schließlich selbst in seiner vollen Gewalt kennen, aber auch zu überwinden lernten.

Schneewittchen

Es war einmal mitten im Winter, und die Schneeflocken fielen wie Federn vom Himmel herab, da saß eine Königin an einem Fenster, das einen Rahmen von schwarzem Ebenholz hatte, und nähte. Und wie sie so nähte und nach dem Schnee aufblickte, stach sie sich mit der Nadel in den Finger, und es fielen drei Tropfen Blut in den Schnee. Und weil das Rote im weißen Schnee so schön aussah, dachte sie bei sich: Hätt ich ein Kind so weiß wie Schnee, so rot wie Blut und so schwarz wie das Holz an dem Rahmen. Bald darauf bekam sie ein Töchterlein, das war so weiß wie Schnee, so rot wie Blut und so schwarzhaarig wie Ebenholz, und ward darum das Sneewittchen genannt. Und wie das Kind geboren war, starb die Königin.

Über ein Jahr nahm sich der König eine andere Gemahlin. Es war eine schöne Frau, aber sie war stolz und übermütig und konnte nicht leiden, dass sie an Schönheit von jemand sollte übertroffen werden. Sie hatte einen wunderbaren Spiegel, wenn sie vor den trat und sich darin beschaute, sprach sie:

»Spieglein, Spieglein an der Wand,
wer ist die Schönste im ganzen Land?«

So antwortete der Spiegel:

»Frau Königin, Ihr seid die Schönste im Land.«

Da war sie zufrieden, denn sie wusste, dass der Spiegel die Wahrheit sagte.

Sneewittchen aber wuchs heran und wurde immer schöner, und als es sieben Jahr alt war, war es so schön wie der klare Tag und schöner als die Königin selbst. Als diese einmal ihren Spiegel fragte:

> »Spieglein, Spieglein an der Wand,
> wer ist die Schönste im ganzen Land?«

so antwortete er:

> »Frau Königin, Ihr seid die Schönste hier,
> aber Sneewittchen ist tausendmal schöner als Ihr.«

Da erschrak die Königin und ward gelb und grün vor Neid. Von Stund an, wenn sie Sneewittchen erblickte, drehte sich ihr das Herz im Leibe herum, so hasste sie das Mädchen. Und der Neid und Hochmut wuchsen wie ein Unkraut in ihrem Herzen immer höher, dass sie Tag und Nacht keine Ruhe mehr hatte. Da rief sie einen Jäger und sprach: »Bring das Kind hinaus in den Wald, ich will's nicht mehr vor meinen Augen sehen. Du sollst es töten und mir Lunge und Leber zum Wahrzeichen mitbringen.« Der Jäger gehorchte und führte es hinaus, und als er den Hirschfänger gezogen hatte und Sneewittchens unschuldiges Herz durchbohren wollte, fing es an zu weinen und sprach: »Ach, lieber Jäger, lass mir mein Leben; ich will in den wilden Wald laufen und nimmermehr wieder heimkommen.« Und weil es so schön war, hatte der Jäger Mitleiden und sprach: »So lauf hin, du armes Kind.« Die wilden Tiere werden dich bald gefressen haben, dachte er, und doch war's ihm, als wär ein Stein von seinem Herzen gewälzt, weil er es nicht zu töten brauchte. Und als gerade ein junger Frischling dahergesprungen kam, stach er ihn ab, nahm Lunge und Leber heraus und brachte sie als Wahrzeichen der Königin mit. Der Koch musste sie in Salz kochen, und das boshafte Weib aß sie auf und meinte, sie hätte Sneewittchens Lunge und Leber gegessen.

Nun war das arme Kind in dem großen Wald mutterseeligallein und ward ihm so angst, dass es alle Blätter an den Bäumen ansah und nicht wusste, wie es sich helfen sollte. Da fing es an zu laufen und lief über die spitzen Steine und durch die Dornen, und die wilden Tiere sprangen an ihm vorbei, aber sie taten ihm nichts. Es lief, solange nur die Füße noch fortkonnten, bis es bald Abend werden wollte, da sah es ein kleines Häuschen und ging hinein, sich zu ruhen. In dem Häuschen war alles klein, aber so zierlich und reinlich, dass es nicht zu sagen ist. Da stand ein weißgedecktes Tischlein mit sieben kleinen Tellern, jedes Tellerlein mit seinem Löffelein, ferner sieben Messerlein und Gäblein und sieben Becherlein. An der Wand waren sieben Bettlein nebeneinander aufgestellt und schneeweiße Laken darüber gedeckt. Sneewittchen, weil es so hungrig und durstig war, aß von jedem Tellerlein ein wenig Gemüs und Brot und trank aus jedem Becherlein einen Tropfen Wein; denn es wollte nicht einem allein alles wegnehmen. Hernach, weil es so müde war, legte es sich in ein Bettchen, aber keins passte; das eine war zu lang, das andere zu kurz, bis endlich das siebente recht war; und darin blieb es liegen, befahl sich Gott und schlief ein.

Als es ganz dunkel geworden war, kamen die Herren von dem Häuslein, das waren die sieben Zwerge, die in den Bergen nach Erz hackten und gruben. Sie zündeten ihre sieben Lichtlein an, und wie es nun hell im Häuslein ward, sahen sie, dass jemand darin gewesen war, denn es stand nicht alles so in der Ordnung, wie sie es verlassen hatten.

Der erste sprach: »Wer hat auf meinem Stühlchen gesessen?«
Der zweite: »Wer hat von meinem Tellerchen gegessen?«
Der dritte: »Wer hat von meinem Brötchen genommen?«
Der vierte: »Wer hat von meinem Gemüschen gegessen?«
Der fünfte: »Wer hat mit meinem Gäbelchen gestochen?«
Der sechste: »Wer hat mit meinem Messerchen geschnitten?«
Der siebte: »Wer hat aus meinem Becherlein getrunken?«

Dann sah sich der erste um und sah, dass auf seinem Bett eine kleine Delle war, da sprach er: »Wer hat in mein Bettchen getreten?«

Die anderen kamen gelaufen und riefen: »In meinem hat auch jemand gelegen.« Der siebente aber, als er in sein Bett sah, erblickte Sneewittchen, das lag darin und schlief. Nun rief er die andern, die kamen herbeigelaufen und schrien vor Verwunderung, holten ihre sieben Lichtlein und beleuchteten Sneewittchen. »Ei, du mein Gott! Ei, du mein Gott!«, riefen sie. »Was ist das Kind so schön!« Und hatten so große Freude, dass sie es nicht aufweckten, sondern im Bettlein fortschlafen ließen. Der siebente Zwerg aber schlief bei seinen Gesellen, bei jedem eine Stunde, da war die Nacht herum.

Als es Morgen war, erwachte Sneewittchen, und wie es die sieben Zwerge sah, erschrak es. Sie waren aber freundlich und fragten: »Wie heißt du?« »Ich heiße Sneewittchen«, antwortete es. »Wie bist du in unser Haus gekommen?«, sprachen weiter die Zwerge. Da erzählte es ihnen, dass seine Stiefmutter es hätte wollen umbringen lassen, der Jäger hätte ihm aber das Leben geschenkt und da wär es gelaufen den ganzen Tag, bis es endlich ihr Häuslein gefunden hätte. Die Zwerge sprachen: »Willst du unsern Haushalt versehen, kochen, betten, waschen, nähen und stricken und willst du alles ordentlich und reinlich halten, so kannst du bei uns bleiben, und es soll dir an nichts fehlen.« »Ja«, sagte Sneewittchen, »von Herzen gern«, und blieb bei ihnen. Es hielt ihnen das Haus in Ordnung: Morgens gingen sie in die Berge und suchten Erz und Gold, abends kamen sie wieder, und da musste ihr Essen bereit sein. Den Tag über war das Mädchen allein, da warnten es die guten Zwerglein und sprachen: »Hüte dich vor deiner Stiefmutter, die wird bald wissen, dass du hier bist; lass ja niemand herein.«

Die Königin aber, nachdem sie Sneewittchens Lunge und Leber glaubte gegessen zu haben, dachte nicht anders, als sie wäre wieder die Erste und Allerschönste, trat vor ihren Spiegel und sprach:

»Spieglein, Spieglein an der Wand,
wer ist die Schönste im ganzen Land?«

Da antwortete der Spiegel:

»Frau Königin, Ihr seid die Schönste hier,
aber Sneewittchen über den Bergen
bei den sieben Zwergen
ist noch tausendmal schöner als Ihr.«

Da erschrak sie, denn sie wusste, dass der Spiegel keine Unwahrheit sprach, und merkte, dass der Jäger sie betrogen hatte und Sneewittchen noch am Leben war. Und da sann und sann sie aufs Neue, wie sie es umbringen wollte; denn solange sie nicht die Schönste war im ganzen Land, ließ ihr der Neid keine Ruhe. Und als sie sich endlich etwas ausgedacht hatte, färbte sie sich das Gesicht und kleidete sich wie eine alte Krämerin und war ganz unkenntlich. In dieser Gestalt ging sie über die sieben Berge zu den sieben Zwergen, klopfte an die Tür und rief: »Schöne Ware feil! Feil!« Sneewittchen guckte zum Fenster heraus und rief: »Guten Tag, liebe Frau, was habt Ihr zu verkaufen?« »Gute Ware, schöne Ware«, antwortete sie, »Schnürriemen von allen Farben«, und holte einen hervor, der aus bunter Seide geflochten war. »Die ehrliche Frau kann ich hereinlassen«, dachte Sneewittchen, riegelte die Tür auf und kaufte sich den hübschen Schnürriemen. »Kind«, sprach die Alte, »wie du aussiehst! Komm, ich will dich einmal ordentlich schnüren.« Sneewittchen hatte kein Arg, stellte sich vor sie und ließ sich mit dem neuen Schnürriemen schnüren: Aber die Alte schnürte geschwind und schnürte so fest, dass dem Sneewittchen der Atem verging und es für tot hinfiel. »Nun bist du die Schönste gewesen«, sprach sie und eilte hinaus.

Nicht lang darauf, zur Abendzeit, kamen die sieben Zwerge nach Haus, aber wie erschraken sie, als sie ihr liebes Sneewittchen auf der Erde liegen sahen; und es regte und bewegte sich nicht, als wäre es tot. Sie hoben es in die Höhe, und weil sie sahen, dass es zu fest geschnürt war, schnitten sie den Schnürriemen entzwei: Da fing es an, ein wenig zu atmen und ward nach und nach wieder lebendig. Als die Zwerge hörten, was geschehen war, sprachen sie:

»Die alte Krämerfrau war niemand als die gottlose Königin: Hüte dich und lass keinen Menschen herein, wenn wir nicht bei dir sind.«

Das böse Weib aber, als es nach Haus gekommen war, ging vor den Spiegel und fragte:

»Spieglein, Spieglein an der Wand,
wer ist die Schönste im ganzen Land?«

Da antwortete er wie sonst:

»Frau Königin, Ihr seid die Schönste hier,
aber Sneewittchen über den Bergen
bei den sieben Zwergen
ist noch tausendmal schöner als Ihr.«

Als sie das hörte, lief ihr alles Blut zum Herzen, so erschrak sie, denn sie sah wohl, dass Sneewittchen wieder lebendig geworden war. »Nun aber«, sprach sie, »will ich etwas aussinnen, das dich zugrunde richten soll«, und mit Hexenkünsten, die sie verstand, machte sie einen giftigen Kamm. Dann verkleidete sie sich und nahm die Gestalt eines andern alten Weibes an. So ging sie hin über die sieben Berge zu den sieben Zwergen, klopfte an die Tür und rief: »Gute Ware feil! Feil!« Sneewittchen schaute heraus und sprach: »Geht nur weiter, ich darf niemanden hereinlassen.« »Das Ansehen wird dir doch erlaubt sein«, sprach die Alte, zog den giftigen Kamm heraus und hielt ihn in die Höhe. Da gefiel er dem Kinde so gut, dass es sich betören ließ und die Türe öffnete. Als sie des Kaufs einig waren, sprach die Alte: »Nun will ich dich einmal ordentlich kämmen.«

Das arme Sneewittchen dachte an nichts und ließ die Alte gewähren, aber kaum hatte sie den Kamm in die Haare gesteckt, als das Gift darin wirkte und das Mädchen ohne Besinnung niederfiel. »Du Ausbund von Schönheit«, sprach das boshafte Weib, »jetzt ist's um dich geschehen«, und ging fort. Zum Glück aber war es bald Abend, wo die sieben Zwerglein nach Haus kamen. Als sie Sneewittchen wie tot auf der Erde liegen sahen, hatten sie gleich die Stiefmutter in Verdacht, suchten nach und fanden den giftigen Kamm, und kaum hatten sie ihn herausgezogen, so kam Sneewittchen wieder zu sich und erzählte, was vorgegangen war. Da warnten sie es noch einmal, auf seiner Hut zu sein und niemandem die Türe zu öffnen.

Die Königin stellte sich daheim vor den Spiegel und sprach:

»Spieglein, Spieglein an der Wand,
wer ist die Schönste im ganzen Land?«

Da antwortete er wie vorher:

»Frau Königin, Ihr seid die Schönste hier,
aber Sneewittchen über den Bergen
bei den sieben Zwergen
ist doch noch tausendmal schöner als Ihr.«

Als sie den Spiegel so reden hörte, zitterte und bebte sie vor Zorn.

»Sneewittchen soll sterben«, rief sie, »und wenn es mein eignes Leben kostet.« Darauf ging sie in eine ganz verborgene, einsame Kammer, wo niemand hinkam, und machte da einen giftigen, giftigen Apfel. Äußerlich sah er schön aus, weiß mit roten Backen, dass jeder, der ihn erblickte, Lust danach bekam, aber wer ein Stückchen davon aß, der musste sterben. Als der Apfel fertig war, färbte sie sich das Gesicht und verkleidete sich in eine Bauersfrau und so ging sie über die sieben Berge zu den sieben Zwergen. »Ich darf keinen Menschen einlassen, die sieben Zwerge haben mir's verboten.« »Mir auch recht«, antwortete die Bäuerin, »meine Äpfel will ich schon loswerden. Da, einen will ich dir schenken.« »Nein«, sprach Sneewittchen, »ich darf nichts annehmen.«

»Fürchtest du dich vor Gift?«, sprach die Alte. »Siehst du, da schneide ich den Apfel in zwei Teile; den roten Backen iss du, den weißen will ich essen.«

Der Apfel war aber so künstlich gemacht, dass der rote Backen allein vergiftet war. Sneewittchen lusterte den schönen Apfel an, und als es sah, dass die Bäuerin davon aß, so konnte es nicht länger widerstehen, streckte die Hand hinaus und nahm die giftige Hälfte. Kaum aber hatte es einen Bissen davon im Mund, so fiel es tot zur Erde nieder. Da betrachtete es die Königin mit grausigen Blicken und lachte überlaut und sprach: »Weiß wie Schnee, rot wie Blut, schwarz wie Ebenholz! Diesmal können dich die Zwerge nicht wieder erwecken.« Und als sie daheim den Spiegel befragte:

»Spieglein, Spieglein an der Wand,
wer ist die Schönste im ganzen Land?«,

so antwortete er endlich:

»Frau Königin, Ihr seid die Schönste im Land.«

Da hatte ihr neidisches Herz Ruhe, so gut ein neidisches Herz Ruhe haben kann.

Die Zwerglein, wie sie abends nach Haus kamen, fanden Sneewittchen auf der Erde liegen, und es ging kein Atem mehr aus seinem Mund und es war tot. Sie hoben es auf, suchten, ob sie was Giftiges fänden, schnürten es auf, kämmten ihm die Haare, wuschen es mit Wasser und Wein, aber es half alles nichts; das liebe Kind war tot und blieb tot. Sie legten es auf eine Bahre und setzten sich alle siebene daran und beweinten es, und weinten drei Tage lang. Da wollten sie es begraben, aber es sah noch so frisch aus wie ein lebender Mensch und hatte noch seine schönen roten Backen. Sie sprachen: »Das können wir nicht in die schwarze Erde versenken«, und ließen einen durchsichtigen Sarg von Glas machen, dass man es von allen Seiten sehen konnte, legten es hinein und schrieben mit goldenen Buchstaben seinen Namen darauf und dass es eine Königstochter wäre. Dann setzten sie den Sarg hinaus auf den Berg und einer von ihnen blieb immer dabei und bewachte ihn. Und die Tiere kamen auch und beweinten Sneewittchen, erst eine Eule, dann ein Rabe, zuletzt ein Täubchen.

Nun lag Sneewittchen lange, lange Zeit in dem Sarg und verweste nicht, sondern sah aus, als wenn es schliefe, denn es war noch so weiß als Schnee, so rot als Blut und so schwarzhaarig wie Ebenholz. Es geschah aber, dass ein Königssohn in den Wald geriet und zu dem Zwergenhaus kam, da zu übernachten. Er sah auf dem Berg den Sarg und das schöne Sneewittchen darin und las, was mit goldenen Buchstaben darauf geschrieben war. Da sprach er zu den Zwergen: »Lasst mir den Sarg, ich will euch geben, was ihr dafür haben wollt.« Aber die Zwerge antworteten: »Wir geben ihn nicht um alles Gold in der Welt.« Da sprach er: »So schenkt mir ihn, denn ich kann nicht leben, ohne Sneewittchen zu sehen, ich will es ehren und hochachten wie mein Liebstes.« Wie er so sprach, empfanden die guten Zwerglein Mitleiden mit ihm und gaben ihm den Sarg. Der Königssohn ließ ihn nun von seinen Dienern auf den Schultern forttragen. Da geschah es, dass sie über einen Strauch stolperten, und von der Erschütterung fuhr der giftige Apfelgrütz, den Sneewittchen abgebissen hatte, aus dem Hals. Und nicht lange, so öffnete es die Augen, hob den Deckel vom Sarg in die Höhe und richtete sich auf und war wieder lebendig. »Ach Gott, wo bin ich?«, rief es. Der Königssohn sagte voll Freude: »Du bist bei mir«, und erzählte, was sich zugetragen hatte, und sprach: »Ich habe dich lieber als alles auf der Welt; komm mit mir in meines Vaters Schloss, du sollst meine Gemahlin werden.« Da war ihm Sneewittchen gut und ging mit ihm, und ihre Hochzeit ward mit großer Pracht und Herrlichkeit angeordnet.

Zu dem Fest wurde aber auch Sneewittchens gottlose Stiefmutter eingeladen. Wie sie sich nun mit schönen Kleidern angetan hatte, trat sie vor den Spiegel und sprach:

»Spieglein, Spieglein an der Wand,
wer ist die Schönste im ganzen Land?«

Der Spiegel antwortete:

»Frau Königin, Ihr seid die Schönste hier,
aber die junge Königin ist tausendmal schöner als Ihr.«

Da stieß das böse Weib einen Fluch aus und ward ihr so angst, dass sie sich nicht zu lassen wusste. Sie wollte zuerst gar nicht auf die Hochzeit kommen: Doch ließ es ihr keine Ruhe, sie musste fort und die junge Königin sehen. Und wie sie hineintrat, erkannte sie Sneewittchen und vor Angst und Schrecken stand sie da und konnte sich nicht regen. Aber es waren schon eiserne Pantoffeln über Kohlenfeuer gestellt und wurden mit Zangen hereingetragen und vor sie hingestellt. Da musste sie in die rotglühenden Schuhe treten und so lange tanzen, bis sie tot zur Erde fiel.

An diesem Märchen der Brüder Grimm[19] haben wir wohl alle in der Kindheit gelernt, was Neid sein kann, und auch gelernt, mit ihm zu rechnen.

Die Königin schaut zu Beginn aus dem Fenster ihres Schlosses. Das kann heißen, dass sie Ausblick sucht und Überblick gewinnt. Ihr Blick geht in das leuchtende Weiß des Winters hinaus. Sie blickt aus einem kostbaren, aber auch eingrenzenden Rahmen aus schwarzem Ebenholz hinaus in die weiße Weite. Das Dunkel des Rahmens, in dem sich ihr Leben zu der Zeit abspielt, steht in scharfem Kontrast zu dem leuchtenden Weiß des Schnees. Zugleich liegt winterliche Kälte über der Landschaft. Imaginiert sie in diesem Moment?

Sie näht, fügt etwas zusammen, näht vielleicht ein neues Kleid? Wie sie so versonnen hinausblickt, geschieht es, dass sie sich in den Finger sticht, was mit einem kurzen scharfen Schmerz verbunden ist: Dann sieht sie drei Tropfen ihres roten Blutes in den Schnee fallen. Sie bemerkt, dass dies ein schönes Bild ist, dass das Weiß sich farblich belebt und vitaler wird.

Das Märchen baut sich aus Liebe, Schmerz und einem winterlichen Umfeld auf. Die Königin, die in diesem Moment vor sich hin träumt, wünscht sich ein Kind, ein Wunschkind soll es sein: so weiß wie der Schnee, so rot wie Blut, so schwarz wie Ebenholz. Weiß, Rot und Schwarz sind die Farben der Großen Göttin der Frühzeit (die in dreifaltiger Weise als jungfräuliche Frühlingsgöttin in Weiß, als reife Sommergöttin in Rot und schließlich als die Weise Alte und Wintergöttin in Schwarz erscheint). Bald bekommt sie wirklich ein Töchterchen. Weiß wie Schnee ist seine Haut – deshalb soll es Schneewittchen heißen – rosig sind seine Wangen, schwarz wie Ebenholz sein Haar. Doch die Mutter stirbt bald nach der Geburt. Schneewittchen hat die Liebe der Mutter nur kurz erleben können, aber sie hat ihren Segen bekommen: Die Farben Weiß, Rot und Schwarz verbinden sie mit der dreifaltigen Göttin, die in ihrer Dreiheit auch über das Schicksal Schneewittchens bestimmen wird und unter deren Schutz sie durch den Segenswunsch ihrer Mutter gestellt ist.

Die neue Gemahlin des Königs, die er nach einem Jahr heiratet, »war eine schöne Frau, aber sie war stolz und übermütig und konnte nicht leiden, dass sie an Schönheit von jemand sollte übertroffen werden«. Sie hat einen Spiegel[20], in dem sie sich täglich bespiegelt und den sie regelmäßig befragt: »Spieglein, Spieglein an der Wand, wer ist die Schönste im ganzen Land?«

Wenn man die Schönste sein muss, so ist der Neid auf alle anderen, die auch schön sein können, latent schon da. Für diese Königin gilt: die Schönste sein – oder nichts sein. Das ist ein Narzissmus, der sie zugleich sehr verwundbar macht. Eine mythologische Parallele ist vielleicht die griechische Kassiopeia, die mit ihrer allerschönsten Tochter Andromeda sofort den Neid auf diese erweckt.

Mit sieben Jahren ist das Stieftöchterchen Schneewittchen, wie der Spiegel sagt, »so schön wie der klare Tag und schöner als die Königin selbst«. Eine Katastrophe ist das für die Königin, die sich vom Spiegel sagen lassen muss:

> »Frau Königin, Ihr seid die Schönste hier,
> aber Sneewittchen ist tausendmal schöner als Ihr.«

Die Königin wird von dieser Erkenntnis, die ihre Selbstbespiegelung ihr sagt, »gelb und grün vor Neid«. Der Spiegel ist wie ein magisches Auge; selber leer, wirft er das Bild zurück, das er empfängt. Er sagt fraglos die Wahrheit. Später im Märchen erscheint der Spiegel sogar wie ein göttliches Auge, das überall hinsieht.

Der Neid der Königin ist so beschaffen, dass sie ihn nicht einmal realisieren kann, denn damit wäre schon eine gewisse Anerkennung der Schönheit der anderen gegeben. Die Beneidete muss vielmehr aus ihren Augen verschwinden, sie wünscht sie weg. Bei der Königin treten Neid und Hochmut zusammen auf, beide sind so groß und stark, besetzen sie so sehr, dass sie Tag und Nacht keine Ruhe mehr findet. Im Neid steckt Hochmut, man gönnt dem anderen nichts. Neid aber raubt auch alle innere Ruhe, schadet also der Neiderin selbst am meisten.

Schneewittchen muss also weg, soll ihr aus den Augen verschwinden, vielmehr noch, es soll nie mehr wieder auftauchen können, soll vielmehr vom Jäger im Wald getötet werden. Schneewittchens Lunge und Leber hat er als Wahrzeichen für die Tötung der Königin zu überbringen. Mit Lunge und Leber will sie sich – tatsächlich »kannibalisch« – die Wesensessenz Schneewittchens, seine äußere und innere Schönheit aneignen, so wie es in frühen Stammeskulturen gelegentlich üblich war, Lunge und Leber der gefallenen Feinde zu essen, um sich deren Kampfkraft anzueignen.

Indem die Königin Schneewittchen in den Wald schickt, sendet sie es ungewollt in den Bereich der größeren Mutter Natur, die anstelle der Stiefmutter das Kind aufnimmt und annimmt. Das Kind hat von der Liebe der ersten Mutter her, so kurz es sie auch nur erleben durfte, das Gefühl einer Lebensberechtigung, eines Geliebtseins mitbekommen. Mit seiner Schönheit und Unschuld vermag es das Erbarmen des Jägers zu wecken und vertraut sich schließlich dem Wald an.

Die Gier der Königin, sich das, was Schneewittchen besitzt, anzueignen, es selbst aufzufressen, erweist sich, als sie Lunge und Leber des vermeintlichen Schneewittchens verspeist. Ein sinnvoller Umgang mit Neid wäre stattdessen, sich das beneidenswerte Wesen, die innere und äußere Schönheit der Beneideten auf die Weise anzueignen, dass man in sich selber etwas von dieser inneren Wesensschönheit entwickelt.

Trotz seiner Angst bleibt Schneewittchen im Wald von wilden Tieren verschont, sie tun ihm nichts, und es findet schließlich – wieder eine Gunst des Schicksals, vielmehr der größeren Mutter Natur – das Zwergenhäuschen, in dem es ausruhen kann. Auch die kleinen Bergmänner, die Zwerge, die Gold und Erz aus der Mutter Erde holen, gelten mythologisch als Diener der Großen Mutter.

Wieder ist Schneewittchen voll Vertrauen und geht, ohne zu zögern, in das kleine, zierliche, reinliche Häuschen der Zwerge, wagt es, ein wenig zu essen, ist dabei sorgsam darum bemüht, vom Gedeck eines jeden nur ein kleines bisschen zu nehmen, um nicht einem allein alles wegzuessen. Schließlich wagt es, sich in das siebente Bettlein zu legen, ist es doch selbst noch klein und passt gerade noch hinein. Vertrauensvoll befiehlt es sich schließlich Gott und schläft ein. Wieder können wir uns, subjektstufig verstanden, vorstellen, dass Schneewittchen in seiner Waldeinsamkeit diesen rettenden Traum von den Zwergen hatte, in dem die Ressourcen seiner Seele sich öffneten.

Mit den sieben Zwergen herrscht wieder das gönnende Prinzip, das mit der Großen Mutter Natur verbunden ist und sich immer weiter erschließt. So öffnet Schneewittchens innere und äußere Schönheit die Herzen der Zwerge: »Was ist das Kind schön!«, rufen sie aus, als sie es schlafend entdecken. Die Zwerge sind ihm von Herzen gut. Sie erwarten nur von ihm, dass es ihnen die Haushaltsarbeit abnimmt, Ordnung hält, für Nahrung sorgt. Hier lernt die Königstochter auch zu wirtschaften, hauszuhalten, für andere zu sorgen, was sie im Königshaus wahrscheinlich noch nicht so recht lernen konnte.

Die Zwerge beschützen das naive Kind. Naivität geht oft mit einem Grundvertrauen Hand in Hand. Sie warnen ernstlich: »Hüte dich vor deiner Stiefmutter.« Die Zwerge kennen die Macht des Neides, die nicht ruht, bis sie das Beneidete vernichtet hat. Schneewittchen selber gibt sich indessen arglos der behütenden, fast wieder mütterlichen oder vielmehr väterlichen Welt der Zwerge hin. Sie, die offenbar auch keinen Vater kannte, erlebt Väterliches bei den kleinen Bergmännern, die sie allerdings tagsüber wegen ihrer Arbeit alleine lassen müssen, wie das wirkliche Väter auch oft tun.

Doch da konstelliert sich auch das tödliche Neidprinzip aufs Neue. Die Königin, die sich nach der vermeintlichen Tötung Schneewittchens wieder als die Schönste wähnt und bestätigt sehen will, blickt in den Spiegel und hört ihn zu ihrem Entsetzen sagen:

»... aber Sneewittchen über den Bergen
bei den sieben Zwergen
ist noch tausendmal schöner als Ihr.«

Dass sie die Schönste *hier* ist, beruhigt sie nicht im Geringsten. Hier verbindet sich Neid mit Gier. Sie erschrickt darüber, dass Schneewittchen noch am Leben ist und sinnt aufs Neue, wie sie es umbringen könnte. Der Gott Zelos, der – wie der Name *Zelos*, der »Eifer« bedeutet – ein Eiferer ist, wird immer wieder mit Gier und Neid in Verbindung gebracht, er könnte als Symbol für diese Qualität des Neides stehen, wie die Königin ihn hat.

Schließlich findet sie überhaupt keine Ruhe mehr. Ständig in innerer Unruhe zu sein ist typisch für die von Neid Geplagten. Doch dann hat sie eine Idee, wie sie Schneewittchen bei den Zwergen aufspüren und umbringen könnte: Sie färbt sich

Gesicht und Hände und verkleidet sich als eine Krämerin, die gute Ware, z. B. Schnürbänder für die Mieder, zu verkaufen hat. Neid verkleidet sich gern, als wolle er gute Ware verkaufen, dann dreht er dem Beneideten etwas an, was diesem letztlich die Luft abschnürt.

Schließlich findet die Königin heraus, wo das Zwergenhaus ist. Hat es ihr der Spiegel gezeigt? Sie ist fündig geworden – wie der Neid dies oft tut –, und kommt mit scheinbar guter Ware zu dem in seiner Gutartigkeit naiven Schneewittchen: Mit »liebe Frau« begrüßt es die Krämerin und lässt sie ein. Die Krämerin will ihm mit den bunten Schnürriemen, die für das Mieder gebraucht werden, scheinbar zu einer guten Figur verhelfen, in Wirklichkeit aber die Luft abschnüren. Es heißt, dass ihm der Atem verging und dass es wie tot war, als es von der Krämerin zu fest geschnürt wurde.

»Nun bist du die Schönste gewesen«, spricht die »Krämerin« befriedigt, nachdem Schneewittchen ahnungslos zugelassen hat, dass es von ihr angeblich »noch kleidsamer« geschnürt wird. Zum Glück hat Schneewittchen die Zwerge zur Seite, die sehr erschrecken, als sie es bei ihrer Heimkehr wie tot daliegen sehen, die es aber umsichtig versorgen, indem sie die Ursache des Fast-Erstickens herausfinden, beseitigen und erneut und noch ernster vor der Stiefmutter warnen: »Die alte Krämerfrau war niemand als die gottlose Königin, hüte dich und lass keinen Menschen herein, wenn wir nicht bei dir sind.«

Als die neidische Königin aber von ihrem Spiegel erfährt, dass Schneewittchen ihren Anschlag erneut überlebt hat, erschrickt sie so sehr, dass ihr »alles Blut zu ihrem Herzen« läuft, so dass sie fast so etwas wie einen Herzinfarkt bekommt. Sie erschrickt jedes Mal mehr, wenn sie erfährt, dass Schneewittchen überlebt hat, denn den fast magischen Schutz, den Schneewittchen genießt, findet sie unheimlich. Doch statt sich warnen zu lassen, ersinnt sie noch Giftigeres, um Schneewittchen zu töten, einen giftigen

Kamm. Raffinierterweise sucht sie, um Schneewittchen zu töten, wie schon bei den Miederriemen etwas aus, das der Schönheit dient: einen Kamm zum Kämmen von Schneewittchens ebenholzfarbenem schwarzem Haar. Es scheint, als ob Schneewittchen hier kein Kind mehr wäre, sondern schon im Übergang zur jungen Frau. Will das Märchen zugleich fortschreitende Lebensphasen schildern?

Nun verkleidet sich die Königin als arme Frau, möchte damit also auch noch an das gute Herz, an Schneewittchens Mitleid appellieren, als sie ihre Kämme feilbietet. Man muss doch einer armen Frau etwas abkaufen, so sagt sich jeder anständige Mensch. Neid kommt oft auf diese hinterlistige Tour daher.

Schneewittchen ist dieses Mal mehr auf der Hut: »Ich darf niemanden hereinlassen.« Doch der schöne Kamm betört die junge Frau, die ihr Haar hübsch tragen will, so sehr, dass sie sich sogar zur Probe von der unbekannten Frau mit diesem Kamm kämmen lässt. Er wirkt offenbar lähmend, irgendein Gift gerät in die Kopfhaut, so dass sie wie tot niederfällt. »Du Ausbund von Schönheit«, spricht die erbarmungslose Frau, »jetzt ist's um dich geschehen.« Ihr kranker Narzissmus des Neides kann auch das Schönheitsbedürfnis der Beneideten, kann deren gesunden Narzissmus listig nutzen, ihr scheinbar etwas Gutes tun, ihr etwas zur Optimierung ihrer Schönheit geben, in das aber ein Gift eingefügt ist, das sie schließlich ums Leben bringt.

Wieder verdankt Schneewittchen nur noch der rechtzeitigen Heimkehr der Zwerge, dass es noch einmal wiedererweckt wird: In ihrer liebevollen Umsicht können sie auch diesmal die Ursache seines todesnahen Zustandes herausfinden und beheben ihn, nicht ohne es noch einmal eindringlich vor der Hauptursache für die Anschläge auf ihr Leben zu warnen: einen mörderischen Neid!

Als die Königin von dem Spiegel erfährt, dass Sneewittchen auch den dritten Anschlag überlebt hat, da erzittert und erbebt sie so sehr vor Zorn, dass sie einen selbstzerstörerischen Schwur tut: »Sneewittchen soll sterben, und wenn es mein eigenes Leben kostet!« Der Neid kann einen so selbstvergessen machen, dass man sein eigenes Leben nicht mehr achtet, sogar bereit ist, es aufs Spiel zu setzen, wenn nur der oder die Beneidete umkommt. So vernachlässigen und missachten alle Neidenden ihr eigenes Leben. Sie sehen Leben ausschließlich beim Beneideten!

Die Königin schließt sich nun in eine einsame, verborgene Kammer ein, in der sie, vor allen versteckt, einen giftigen Apfel zubereitet: »Äußerlich sah er schön aus, weiß mit roten Backen, dass jeder, der ihn erblickte, Lust danach bekam, aber wer ein Stückchen davon aß, der musste sterben.« Äpfel haben auch erotische Bedeutung, sollen, einander gereicht, zur Liebe verlocken. So ist diese Annäherung mit dem giftigen Apfel etwas Ähnliches wie der Judaskuss, mit dem Judas seinen Herrn und Freund mit einem Liebeszeichen verrät.

Dass der Neid sich verkleidet, macht es so außerordentlich schwer, ihn zu erkennen und mit ihm umzugehen. Er kann sich sogar treuherzig verkleiden – als habe man doch zum Beispiel der anderen nur offen seine Meinung sagen wollen –, hinter einer solchen »Offenheit« kann sich aber so viel heimliches Gift verstecken, dass die andere schier daran erstickt. Oder man stiehlt der anderen etwas von deren Freude und Stolz auf ihre gelungene Arbeit, von der sie berichten will, derer sie sich fast schämen muss angesichts der Armut einer anderen, die man ihr vorhält. Und schon ist ihr die Freude verdorben. Wie eine Krämerin verkauft man dem oder der Beneideten etwas, das angeblich die Figur oder die Statur nur noch verschönert – was aber so wenig zu der Person passt, dass es ihr die Luft abschnürt.

Schneewittchen ist dieses dritte Mal wirklich auf der Hut: »Ich darf keinen Menschen einlassen, die sieben Zwerge haben mir's verboten«, ruft es der verkleideten Königin entgegen. Da verfällt die falsche Bäuerin darauf, ihm diesen Apfel, den es nicht kaufen will, schenken zu wollen. Schneewittchen antwortet darauf, noch immer standhaft: »Ich darf nichts annehmen.« Nun wird die Neiderin geradezu raffiniert: »Fürchtest du dich vor Gift?« – so sagt sie tatsächlich, sich tollkühn verratend – und bietet eine Apfelprobe an: »Den roten Backen iss du, den weißen will ich essen.« Da sie nur den roten Apfelbacken vergiftet hat, fällt Schneewittchen wirklich auf diese Apfelprobe herein und stürzt plötzlich tot um. Und der Spiegel bestätigt der Mörderin endlich: »Frau Königin, Ihr seid die Schönste im Land.« »Da hatte ihr neidisches Herz Ruhe, so gut ein neidisches Herz Ruhe haben kann«, so kommentiert das Märchen. Wer innere Ruhe sucht, sollte sich nicht als Neiderin oder Neider versuchen!

Die entsetzten Zwerge können Schneewittchen nicht mehr erwecken, auch wenn sie nach wie vor alle erdenkbaren Ursachen erforschen, sie können es nur noch tief betrauern, und das tun sie, indem sie es drei Tage lang beweinen. Da es aber noch ganz lebendig aussieht, z. B. noch ganz rote Backen hat, bringen sie es nicht übers Herz, es zu beerdigen, sondern lassen vielmehr einen Sarg aus Glas herstellen, durch den hindurch man seine Schönheit weiterhin erkennen kann. Und sie stellen den Sarg hinaus auf einen Berg. Rang und Namen Schneewittchens sind im Sarg eingraviert. Einer der Zwerge hält ständig bei ihm Wache. Die Gunst und das Mitgefühl der Großen Mutter, der Natur, wird jedoch auch angesichts des toten Schneewittchens noch einmal spürbar, indem auch die Tiere es beweinen: Eule und Rabe, die Weisheit verkörpern, und ein Friedensvogel wie die Taube betrauern die junge Frau. Ihre Schönheit bleibt sichtbar, aber unberührbar; kalt wie der Schnee, kühl und zerbrechlich wie Glas! Bei einem Schock gibt es eine seelische Erstarrung, in der die Schönheit eines Menschen zwar noch sichtbar, nun aber kühl und zerbrechlich ist und undurchdringlich wie Glas wirkt. Ich kenne Menschen, die nach einer Neidattacke, durch die sie sich innerlich vergiftet und entwertet fühlten, zwei Jahre lang wie erstarrt waren, sich wie in einem gläsernen Sarg fühlten.

Es geht in diesem Märchen auch um eine Entwicklungsgeschichte, einen Lebensübergang für Schneewittchen. Lebensübergang heißt immer: dem Alten sterben, dem Neuen auferstehen. Die Zeit bei den Zwergen ist allmählich zu Ende – auch unter der Perspektive der Großen Lebensmutter gesehen. Schneewittchen wäre keine reife, keine souveräne Frau geworden, wäre sie auf Dauer im beschützten Zwergenreich hängen geblieben. Auch hätte sie das Männliche, die Männer, nur in einer verkleinerten Form kennengelernt: eben als Zwerge!

Wie alt mag sie inzwischen sein? Mit sieben wurde sie verstoßen. Bei den sieben Zwergen, hinter den sieben Bergen mag sie mindestens vierzehn, wenn nicht einundzwanzig geworden sein. Auch bildet die Zahl Sieben im Märchen symbolisch jeweils einen in sich geschlossenen Abschnitt, wie etwa die sieben Schöpfungstage, und meint keine konkreten Jahreszahlen. Schon die Mordanschläge auf Mieder und Haar zeigen, dass Schneewittchen kein Kind mehr ist, sondern eine junge Frau, der die Figur und die Haartracht etwas bedeuten. Als ein Kind von sieben Jahren hätte sie auch die Königin als Frau nicht ganz so eifersüchtig machen können, wie eben wenn sie allmählich zu einer jungen Frau herangewachsen wäre. Mit sieben Jahren hätte das Mädchen auch noch nicht die Hauswirtschaft für die sieben Männer, und seien es auch klein gewachsene, in dieser Souveränität bewältigen können.

Lange, lange Zeit liegt Schneewittchen nun im Sarg, wie das Märchen sagt, unverweslich, noch immer frisch und rot und schwarzhaarig wie Ebenholz – bis der Königssohn kommt. Kein Zwerg, sondern ein erwachsener Mann ist es, der im Zwergenhaus zunächst nur übernachten will. Als er jedoch Schneewittchen im Sarg zu sehen bekommt, ist er so ergriffen von dessen Schönheit, dass er es fraglos mit sich nehmen will und bereit ist, alles dafür zu geben, was immer man wolle. Es ist deutlich, dass hier jemand von leidenschaftlichem Eros ergriffen wird, von der Schönheit einer Frau, auch wenn sie tot erscheint. Die Zwerge lassen nicht mit sich handeln, sie verkaufen Schneewittchen im Sarg um keinen Preis. Doch als der Königssohn flehend ausspricht: »So schenkt ihn mir, denn ich kann nicht leben, ohne Sneewittchen zu sehen. Ich will es ehren und hochhalten als mein Liebstes!«, da überlassen die Zwerge ihm den Sarg, denn sie spüren: Das ist mehr als Verrücktheit, das ist Liebe.

Wieder hat sich für Schneewittchen die Gunst des Schicksals, das Wohlwollen der Großen Lebensmutter konstelliert, die offenbar aus dem Tode zu erwecken vermag. Es ist zweifellos eine Verrücktheit, die der Prinz hier begeht, denn Schneewittchen erscheint tot, doch weckt sein Anblick offenbar das innere Bild der Geliebten seines Lebens. Er kann sich nicht mehr von ihm lösen.

Beim Wegtragen des Sargs ereignet sich eine Erschütterung, ein Stolpern – darin drückt sich vielleicht zugleich eine Erschütterung in der Seele des Prinzen während der Begegnung mit Schneewittchen aus, so dass das giftige Apfelstück, das Gift, das Schneewittchen in den todesähnlichen Zustand versetzt hat, plötzlich herausgeschleudert wird und die junge Frau wieder die Augen aufschlägt. Das ist sicher der Moment, in dem uns als Kinder der Mund offen blieb vor Erstaunen. Doch es ist so, wie das Märchen erzählt: dass bedingungslose Liebe auch die Folgen übelsten Neides überwinden kann: »Du bist bei mir«, begrüßt der Königssohn Schneewittchen bei ihrem zunächst verwirrten Erwachen. Und er versichert: »Ich habe dich lieber als alles auf der Welt, komm mit mir in meines Vaters Schloss, du sollst meine Gemahlin werden.« Da kann Schneewittchen nicht anders als ihm gut zu sein, und bald wird auch die Hochzeit der beiden vorbereitet. Der Mensch, der es selbst in seiner gelähmten Form liebt, kann es vom Fluch der neidischen Stiefmutter erlösen.

Hier ist das gönnende Prinzip wieder wirksam bzw. hier überwindet die Lebensmutter alles, was die böse Stiefmutter anrichten kann: Sie siegt über das Destruktive, das in der neidischen Königin verkörpert ist.

»Zu dem Fest wurde aber auch Sneewittchens gottlose Stiefmutter eingeladen«, wie es im Märchen heißt. So im Neid gefangen zu sein, gilt im Märchen auch als gottlos, und zwar insofern, als mit Gott zu sein auch hieße, dankbar zu sein für das Leben und alle Schönheit und damit gönnend zu sein!

Offensichtlich weiß die Stiefmutter noch gar nicht, wen jener Königssohn aus dem ihr wohl bekannten Königshaus an diesem Tag heiraten will, denn es scheint zunächst selbstverständlich für sie zu sein, an dem Fest teilzunehmen: Sie zieht schöne Kleider an, um ihre einzigartige Schönheit herauszustellen – und befragt zur letzten Versicherung ihren Spiegel. Der gibt ihr die für sie vernichtende Antwort:

> »Frau Königin, Ihr seid die Schönste hier,
> aber die junge Königin ist tausendmal schöner als Ihr!«

Da ihr gesamtes Selbstbild, ihr Selbstverständnis und ihr Selbstwertgefühl daran hängen, dass sie die einzigartige Schönheit ist, der keine gleicht, ist die existenzielle Angst, ja Vernichtungsangst, die sie angesichts einer möglichen noch schöneren jungen Königin überfällt, zu verstehen: Sie erschrak, und »es ward ihr so angst, dass sie sich nicht zu lassen wusste«. Sie findet keine Worte mehr, sie fühlt sich vernichtet, entwertet, ausgelöscht. So will sie eigentlich gar nicht mehr auf die Hochzeit kommen – denn, wie schon gesagt, sie ist auch außerstande zu rivalisieren, da es für sie ja nur das Entweder-oder gibt: die Schönste zu sein – oder nicht zu sein!

Und doch treibt der Neid sie dazu, dass sie sich vergewissern muss, dass sie die junge Königin sehen und sich mit ihr Auge in Auge vergleichen will – trotz des Spiegels, der noch nie etwas anderes als die Wahrheit gesagt hat. Noch immer scheint sie nicht zu wissen, wer die junge Königin wirklich ist. Als sie dann mit eigenen Augen sieht, dass es niemand anders als Schneewittchen ist, kann sie sich vor Schrecken nicht mehr regen, sie steht da wie erstarrt. Auch wenn sie bis dahin nicht wusste, wer die junge Königin ist, die anderen am Königshof wussten sehr wohl, wer sie selbst ist, und so hat man glühende Pantoffeln für sie bereitgestellt, damit sie sich in ihnen zu Tode tanze.

Die Grausamkeit dieser Strafe steht für uns heute außer Debatte, auch für vierfachen Mordversuch bleibt sie indiskutabel. Sie enthält aber eine Anschaulichkeit und Symbolik, die nachdenklich macht: Könnte nicht Tanzen wirklich das Gegenmittel gegen den zerstörerischen Neid sein, der sich letztlich nur dort einnisten und halten kann, wo Leben stagniert, wo einem das eigene Leben nichts wert ist, wo es für einen selber nichts zum Singen und zum Tanzen gibt? Wo man sich fixiert auf die Vorstellung, nur als die Schönste oder der Beste sei Lebensberechtigung zu haben, da steht man selbst auf wackeligen Beinen, da macht man sich selbst äußerst angreifbar und verwundbar. Dabei gibt es, wie das Märchen weiß, anstelle vernichtender Selbstbespiegelung die belebende, heilende Spiegelung im Blick der Liebe, im Blick der Zwerge und vor allem des Prinzen, der bedeutet: »Wenn du mich anblickst, werd' ich schön.« (Gabriela Mistral)

Andere teilhaben zu lassen an der Schönheit und teilzunehmen an der Schönheit anderer, das wäre die Lösung, die den Neid überflüssig macht: Es ginge darum, miteinander schön zu sein, um auch miteinander tanzen zu können. Schneewittchen und die Stiefmutter sind innerpsychische Gegenpole füreinander. Für das »unschuldige« Schneewittchen bedeutete die Stiefmutter, die Möglichkeit des Neidens und des Beneidetwerdens zu begreifen – auch als Versuchung in einem selbst – und dem gegenüber die Fähigkeit der Abgrenzung und Selbstbehauptung zu entwickeln. Für die Stiefmutter wäre es die

Lösung, in Schneewittchen – anstatt es bis zum Tötungswunsch zu beneiden – das innere Kind zu sehen, ja, eine Gestalt des »göttlichen Kindes«, das sich in ihr selbst entwickeln und ausgestalten möchte, könnte, wenn sie es annähme als ihre eigene Möglichkeit zu äußerer und innerer Schönheit.

Anmerkungen

1 Die hier interpretierten Märchen der Brüder Grimm werden entsprechend der Fassung und Nummerierung der Großen Ausgabe von 1857 wiedergegeben aus: Märchen der Brüder Grimm. Kinder- und Hausmärchen. Gesamtausgabe mit Zeichnungen von Otto Ubbelohde. Insel, Frankfurt am Main 1974. Neuausgabe: Hugendubel, Kreuzlingen/München 2005.

2 Märchen der Brüder Grimm. Kinder- und Hausmärchen Nr. 89. Das Märchen wurde 1815 von Jakob Grimm nach der mündlichen Erzählung von Dorothea Viehmann aus Zwehrn bei Kassel aufgezeichnet und blieb in seiner Urfassung durch alle Auflagen der Kinder- und Hausmärchen hindurch erhalten.

3 Vgl. Rinne, Olga: Die Gänsemagd. Wie eine Frau sich verliert und wiederfindet. Kreuz, Zürich 1987, S. 25.

4 Vgl. ebd., S. 26 und S. 64 f. Vgl. dazu: Deutsches Wörterbuch von Jakob und Wilhelm Grimm. S. Hirzel, Leipzig 1854, Neuausgabe: dtv, München 1984; dazu die Originalanmerkungen der Brüder Grimm. Vgl. Kast, Verena: Das Mädchen im Sternenkleid und andere Befreiungsgeschichten im Märchen. Patmos, Ostfildern 2012. Hier erklärt Verena Kast in ihrer Interpretation des Märchens *Die Gänsemagd* (S. 11–30): »›Falada‹ heißt nach den Forschungen von Schliephacke ›Das dem alten Gott des Lichts Geheiligte‹, er wird mit Wotan in Zusammenhang gebracht [...].« (S. 17 f.)

5 Vgl. Rinne: Die Gänsemagd, S. 64 f.

6 Ebd., S. 63. Varianten zu diesem Motiv finden sich in den Grimm'schen Märchen *Brüderchen und Schwesterchen*, *Jungfrau Maleen* und *Die weiße und die schwarze Braut*.

7 Rinne: Die Gänsemagd, S. 93.

8 Märchen der Brüder Grimm. Kinder- und Hausmärchen Nr. 130. Eine Parallelvariante zu diesem Märchen ist das Grimm'sche Märchen *Das Erdkühlein*, wiedergegeben und interpretiert in: Kast, Verena: Das Mädchen im Sternenkleid und andere Befreiungsgeschichten im Märchen. Patmos, Ostfildern 2012, S. 31–47.

9 Zottelhaube. Aus: Klara Stroebe, Reidar Thoralf Christiansen, Norwegische Volksmärchen. © 1967, Diederichs Verlag, München,

in der Verlagsgruppe Random House GmbH, S. 176–182. Vgl. die Interpretation des Märchens in: Kast, Verena: Die Blume des Glücks und andere Märchen von Autonomie und Selbstbestimmung. Patmos, Ostfildern 2012, S. 14–41.

10 Das Märchen *Die zwei Brüder* ist von den Brüdern Grimm in den späteren Ausgaben ihrer Kinder- und Hausmärchen für das in der Erstausgabe von 1812 enthaltene Märchen *Das Goldei* eingesetzt worden. Ihre jetzige Fassung des Märchens ist eine literarische Zusammenstellung zweier Fragmente. Da das erste Fragment den zweiten Teil der Erzählung nur bruchstückartig enthielt, wurde dieser durch das zweite Fragment ersetzt, das aus der hessischen Schwalmgegend stammt.

11 Vgl. Steffen, Uwe: Die zwei Brüder. Jeder hat noch ein anderes Ich. Kreuz, Zürich 1986, S. 52; 60.

12 Ebd., S. 89.

13 Ebd., S. 90.

14 Zur weißen Hirschkuh vgl. Marija Gimbutas, Die Sprache der Göttin. Das verschüttete Symbolsystem der westlichen Zivilisation. Zweitausendeins, Frankfurt am Main 1995. S. 113 ff., wo die Hirschkuh neben der Bärin aufgrund von frühen Fundstücken als vorgeschichtliche »Urmutter«bezeichnet wird.

15 Zum Beispiel in dem lettischen Märchen *Die Hexe auf der Espe*, auch in dem Zigeunermärchen *Die frierende alte Zauberin*, in dem kaukasischen *Der kahlköpfige Gänsehirt* und schließlich auch in dem Grimm'schen Märchen *Die Goldkinder*.

16 Levy-Strauss, zitiert nach Rinne: Die Gänsemagd, S. 21.

17 Zu der Episode mit dem zweischneidigen Schwert vgl. Heino Gehrts: Das Märchen und das Opfer. Untersuchungen zum europäischen Brüdermärchen. Bouvier, Bonn 1967.

18 Vgl. Steffen: Die zwei Brüder.

19 Märchen der Brüder Grimm. Kinder- und Hausmärchen Nr. 53.

20 Theodor Seifert nimmt in seinem Buch *Schneewittchen. Das fast verlorene Leben* (Kreuz, Zürich 1983) eine besonders reiche Auffaltung des Spiegel-Symbols vor. So schreibt er: »Der Umgang mit dem Spiegel ist ebenfalls ein Spiegelbild, nämlich der Art, wie wir uns selbst begegnen.« (S. 85) »Der Spiegel gibt das Bild zurück, er reflektiert es, und ist damit das entscheidende Sinnbild der Selbstreflektion.« (S. 86) »Nach alten Überlieferungen schaut uns aber aus dem Spiegel nicht nur das objektive Bild unserer Erscheinung an, es spricht, so sagt man, auch unser wahres Selbst aus dem Spiegel […].« (S. 88) »Das Be- und Gefangensein in der Suche nach Anerkennung und Bestätigung des eignen Wertes, die krampfhaften Versuche, andere zu überragen, zu

übertrumpfen […] wird vom Märchen als das Hauptproblem hingestellt. Die Spiegelszene ist der eigentliche Mittelpunkt.« (S. 91)